CANTAR DE MIO CID

엘시드의 노래

작가 미상 이강국 옮김

한국외국어대학교 출판부

✣ 국립중앙도서관 출판시도서목록(CIP) ✣

엘 시드의 노래 / 작가 미상 ; 이강국 옮김. -- 서울 : 한국외국어대학교출판부, 2009

p. ; cm

원표제: Cantar de mio Cid
스페인어 원작을 한국어로 번역
ISBN 978-89-7464-521-2 93870 : ₩13000

스페인 문학[--文學]

871-KDC4
861.1-DDC21 CIP2009000688

이 연구는 2008학년도 한국외국어대학교 교내 학술연구비의 지원에 의해 이루어진 것임.

머리말

이 노래는 스페인어로 쓰여진 최초의 문학작품이다. 대개의 유럽 중세 서사문학이 그렇듯이 작가 미상이며, 많은 사람들의 입에서 입으로 구전되다가 1140년경에 처음 기록되었다고 한다. 이 노래가 작가 미상이다 보니 출판되는 책에 따라 제목이 *Cantar de mio Cid, Cantar del Cid, Poema de mio Cid, Poema del Cid* 등 여러 가지로 나와 있다. 본 번역서는 여러 비평본들 중에서 이 작품 연구의 최고 권위자로 인정받고 있는 라몬 메넨데스 삐달의 *Cantar de mio Cid*를 기초로 삼았다. 그러나 우리말 번역본의 제목은 이를 그대로 옮기지 않았다. 그 이유는 우선 mio(나의)라는 단어 때문이다. 원저자는 작품 속에서 이 단어를 무척 자주 쓰고 있다. 본 번역서에서는 이를 친근감 있게 우리 식으로 '우리 시드'라고 번역했다. 글자 그대로 번역한 것은 아니지만, 중세 스페인 사람들에게는 아마 '우리 시드'가 아니었을까 생각했기 때문이다. 그러나 본 번역서 제목으로는 '우리 시드의 노래' 대신에 우리에게 더 친숙한 명칭인 '엘 시드의 노래'로 택했다. Cid란 '님, 주군, 주인'이라는 의미의 보통명사로 아랍인들이 주인공인 로드리고 디아스 데 비바르에게 붙여준 경칭인데, 스페인 역사상 이것이 고유명사화 되어 불린 사람은 주인공이 유일하다. 따라서 스페인 역사상 '시드' 또는 '엘 시드'라고 하면 다름 아닌 바로 우리의 주인공을 가리키는 것이다. 다른 한편으로 이 작품이 cantar(노래)인지 poema(시)인지의 차이는 이 작품의 기원으로까지 거슬러 올라가는 문제이다. 즉, 이는 입에서 입으로 구전되던 노래를 기록한 것인지, 아니면 학식 있는 누군가가 창작한 것인지에 대한 관점 차이가 그대로 드러나는 제목이다. 본 번역서에서는 문학사에서 다루어지고 있는 민감한 주제를 새삼 끄집어내고자 하는 의도는 없으며, 단지 메넨데스 삐달의 비평본을 번역한 것이고 또 가장 일반적으로 받아들여지고 있는 제목을 고르다 보니 '노래'를 제목으로 삼게 된 것이다. 따라서 mio를 친근감 있는 표현으로 삼는 대신 정관사를 고유명사화시키고, 이 작품의 성격을 cantar(노래)에서 출발한 것으로 인정하다보니 제목도 자연히 우리에게 가장 친숙한 『엘 시드의 노래』로 정하게 되었다.
앞에서 밝힌 바대로 본 번역서는 많은 판본들 중에서 이 작품 연구의 최고 권위자로 인정받고 있는 라몬 메넨데스 삐달의 작품을 기초로 하고, 번역 시 의문 나는 사항들은 아래의 다른 작품들을 참고했다.

Cantar de mio Cid, Texto antiguo de Ramón Menéndez Pidal, Madrid: Espasa-Calpe, 1991.

Cantar del Cid, Quito: Libresa, 1991.

Poema de mio Cid, 17ª. ed., Madrid: Cátedra, 1991.

Poema de mio Cid, Coleccion "Sepan Cuantos", v.85, Mexico: Porrua, 1973.

Poema de mio Cid, Colin Smith (ed.), Madrid: Cátedra, 1976.

Poema de mio Cid, Edición, introducción y notas de Ian Michael, 5ª ed., Madrid: Castalia, 1988.

Poema del Cid, Traducción de Francisco López Estrada, Madrid: Castalia, 1961.

번역 시 느낀 가장 큰 애로는 음절수와 운율을 살리는 것이었다. 이 작품의 음절수와 운율은 통일성과 정형성이 매우 떨어진다. 그러나 이 작품이 노래였다는 것을 감안하면 나름대로의 리듬이 있었을 것이고, 이를 구체적으로 구현한 것이 운율이었을 것이다. 그런데 번역본에서는 이나마 제대로 살릴 수 없었던 것이 아쉬움으로 남는다. 먼저 음절수는 원문에서도 각 행마다 큰 통일성이 보이지 않는다. 10음절에서 20음절까지 다양한데, 대부분은 14~16음절 정도가 주류를 이루고 있다. 또한 중간에 쉼이 있어 각 행이 두 부분으로 나뉘어 있다. 번역본에는 각 행의 음절수를 지킬 수 없었으며, 내용 전달을 매끄럽게 하기 위해 각 부분을 도치시킨 경우도 있다. 이에 따라 쉼 부분을 원본과 동일하게 할 수만은 없었음도 밝힌다. 더 아쉬운 것은 원문의 운을 살리지 못한 것이다. 이 노래는 시행의 길이도 불규칙하지만 운율 역시 통일되어 있지 않다. 노래는 크게 세 부분으로 나뉘어 있는데, 제1부 (추방의 노래)에서는 강세 모음만 동운을 이루는 부분동음운

(asonancia)이 많이 쓰였다. 그러나 제2부 (결혼의 노래)에서는 이러한 경향이 차츰 줄어들다가 제3부 (꼬르뻬스 숲 속에서의 모욕)에서는 거의 사라진다. 이러한 경향은 문학사에서 이 노래의 원저자가 1인인지 2인인지 하는 문제와 결부되지만, 번역본에는 이러한 운율의 변화를 제대로 살려 드러내는 것이 불가능했다. 원본의 운율과 리듬감을 번역본에서도 그대로 살릴 수만 있었다면 훨씬 더 좋은 문학적 결과를 낳을 수 있었으리라 생각한다.

노래는 총 3730행으로 이루어져 있다. 그런데 제1부 맨 앞부분에 약 50행과 제 3부의 2338행 앞부분 일부가 유실되어 전해지지 않는다. 이 부분들은 메넨데스 삐달의 비평본에서 『20왕 연대기』 등을 토대로 내용이 보충되어 있으며, 본 번역본은 이를 그대로 따랐다.

중간 중간 굵은 글씨로 표시되어 있는 부분들이 있는데, 이는 메넨데스 삐달이 자신의 비평본에서 원문에는 없는 내용을 보충해 넣은 것이다. 그의 판본에는 이탤릭체로 되어 있으며 행을 셀 때는 제외된다. 본 번역본에서도 이를 그대로 따랐으며 구분을 쉽게 하기 위해 굵은 글씨로 표시해 놓았다.

또한 메넨데스 삐달이 원문과는 달리 행을 나누어 놓은 경우도 있다. 예를 들어, 원문에는 16행과 16b행이 한 행이었는데 메넨데스 삐달이 이를 두 행으로 나눈 것이고, 본 번역본은 이를 그대로 따랐다. b로 표시되어 있는 행도 역시 행의 숫자를 계산할 때는 제외된다.

이 밖에도 본 본역본에서는 대화부분을 이탤릭체로 표시해 구분을 쉽게 했다.

고삐를 잡아 채　　말을 재촉하시네.
비바르를 떠날 때는　　까마귀가 오른쪽에서 날아갔으나,
부르고스를 들어설 때는　　왼쪽에서 날아갔다네.
시드께선 어깨를 움찔하며　　고개를 가로저으시네.
-길조로군! 알바르 파네스,　　우린 추방당했지만,
명예롭게　　이 까스띠야로 되돌아올 걸세.

3

15 우리의 시드 루이 디아스께서   부르고스에 들어서시네.
그의 곁에는   육십 명의 기병이 함께 있다네.
16b 남녀노소 모두   그가 떠나는 것을 바라보고 있네.
부르고스 인들 모두   창문 너머로
눈물을 흘리며,   그렇게 슬퍼한다네.
모두 입을 모아   말하네.
20 *-오, 주여, 주군만 제대로 만났더라면   얼마나 훌륭한 신하가 되었을꼬!*

또한 거의 모든 고유명사 표기는 스페인어로 읽을 때와 동일하게 경음을 사용했으나, '베드로'나 '야곱' 등과 같이 우리에게 매우 낯익은 이름들은 일반적으로 통용되는 한글 표기를 그대로 따랐다.

부족한 번역본이나마 세상의 빛을 보게 도와주신 한국외국어대학교 출판부 관계자들께 깊은 감사의 말씀을 전한다. 또한 이를 계기로 스페인 중세 문학의 꽃이라 할 수 있는 이 작품이 널리 읽혀 많은 이들에게 스페인이라는 나라와 그 문학을 이해하는데 조금이나마 도움이 되기를 바란다.

차 례

1

첫 번째 노래

추방의 노래

첫 번째 노래

추방의 노래[1)]

『엘 시드의 노래』 원본에는 약 50행 정도로 추정되는 첫 부분이 유실되어 전해지지 않는다. 따라서 많은 전문가들이 『연대기』와 주인공의 실제 생애를 되짚어 이 부분의 내용을 보충해 넣었다. 현존하는 원본은 충성스런 신하였으나 왕의 과도한 분노로 인해 추방당하는 주인공이 눈물을 흘리며 집을 떠나는 장면부터 시작된다. 유실된 앞 부분의 내용과 배경은 대략 다음과 같다.

까스띠야의 왕 알폰소는 꼬르도바와 그라나다의 왕들이 매년 바치는 조공을 받아오도록 루이 디아스 미오 시드를 파견했다. 당시(1079년 말) 세비야의 왕인 알무따미스와 그라나다의 왕인 알무다파르는 철천지 원수지간으로 서로 다투고 있었다. 당시 그라나다의 왕인 알무다파르 곁에는 유력한 기독교도 기사 몇 명이 그를 돕고 있었는데, 가장 대표적인 인물이 나헤라의 가르시아 오르도녜스 백작과 나바라의 왕인 가르시아의 사위인 포르뚠 산체스와 로뻬 산체스 등이었다. 이들은 자신들의 군대를 이끌고 그라나다의 왕을 도와 세비야의 알무따미스 왕을 공격했다.

이때 루이 디아스 시드는 공물을 받기 위해 세비야에 머물고 있었다. 시드는 이 기사들이 자신의 주군인 알폰소 왕에 복종하는 세비야 왕을 치러 온다는 사실을 알게 되자 곤혹스러웠다. 그리하여 그들에게 편지를 보내 알무따미스 왕 역시 알폰소 왕의 봉신이므로 그를 공격하지 말라고 일렀다. 그러나 그라나다의 왕과 기독교도 기사들은 시드의 청을 무시하고 공격을 감행해 까브라를 점령했다.

1) 원문 주: 『엘 시드의 노래』의 유실된 첫 부분은 『20왕 연대기』의 이야기로 보충된다.

이에 루이 디아스 시드는 그라나다의 왕을 세비야 영토에서 몰아내기 위해 자신을 따르는 기독교도들과 세비야 왕 휘하의 모로인들을 규합했다. 이 사실을 알게 되자 그라나다의 왕과 기사들은 시드에게 그 땅에서 몰아내고자 하는 것은 세비야의 왕이니 전투에 나서지 말라고 경고했다. 그러나 시드 루이 디아스로서는 나가 싸우지 않을 수 없었다. 전투는 오전 9시에 시작해 정오까지 치열하고 참혹하게 전개되었으며, 그라나다 왕 측의 모로인들과 기독교도들의 시신이 산을 이루었다. 그라나다 왕은 패해 달아났고, 일부는 포로로 붙잡혔다. 그 중에는 가르시아 오르도녜스 백작도 끼어 있었다. 시드는 그의 수염을 한 웅큼 잡아 뽑았다. 포로가 너무 많아 일일이 다 셀 수조차 없을 지경이었다. 시드는 그들을 3일 동안 잡아 가두었다가, 모두 풀어 주었다. 그들을 포로로 잡고 있는 동안 시드는 전장에 널려 있는 전리품을 모두 거두어들이도록 명령했다. 시드는 이 막대한 전리품을 갖고 세비야로 돌아와 알무따미스 왕에게 바쳤다. 시드는 왕과 모로인들이 자기들 것이라고 주장하는 것과 노획한 것이지만 그들이 갖고 싶어 하는 것들을 모두 주었다. 이때부터 회교도건 기독교도건 모두 로드리고 디아스 데 비바르를 「시드 깜뻬아도르」라 부르게 되었다. 이는 '전사'라는 의미이다.

알무따미스 왕은 그에게 많은 선물을 내리고 약속했던 조공을 바쳤다. 시드는 공물을 갖고 주군인 알폰소 왕에게 돌아왔다. 왕은 그의 무훈을 칭송하며 성대히 맞이했고 후한 보상을 내렸다. 이를 계기로 일부 기독교도들, 특히 오르도녜스 백작 편의 사람들이 그를 시기하고 헐뜯기 시작했다.

그로부터 얼마 후, 알폰소 왕은 남쪽 국경에서 다시 모로인들과 전투를 하게 되었다. 이때 시드는 수행 대열에서 제외되었지만 홀로 똘레도로 달려가 싸웠고, 많은 포로들과 전리품을 노획해 까스띠야로 돌아왔다. 이에 왕이 격분하자, 간신배들이 끼어들어 왕의 분노를 더욱 부채질했다. 결국 왕은 시드를 왕국에서 추방한다는 칙령을 내리기에 이르렀다. 시드는 왕의 명령을 받자 비통하고 화가 났지만 어쩔 수 없이, 9일 이내에 왕국을 떠나라는 명에 따라 떠날 채비를 한다.

1

[친지들과 부하들에게 왕이 자신을 왕국에서 추방했으며 9일 밖에는 시간 여유를 주지 않았음을 알리고, 누가 함께 떠날 것이며 누가 남을 것인지를 알고 싶다고 말한다.[2)]]

- 나와 함께 떠나는 사람들은　　주님으로부터 보상을 받고,[3)]
여기 남는 사람들은　　친구로서 작별하길 바라노라.
그러자 알바르 파녜스,　　그의 사촌 동생이 말하길,
- 시드시여, 우린　　황야건 도시건 어디든 형님과 함께 갈 겁니다.
살아 있는 한　　우린 결코 형님을 저버리지 않을 겁니다.
우린 형님을 위해　　노새도 말도 다 버릴 겁니다.
재산도 좋은 옷도　　모두 버릴 겁니다.
우린 늘 충성스런 동료와 신하로　　형님을 섬기겠나이다.
그러자 알바르가 한 말에　　모두 찬동하네.
시드께선 그들이 한 말에　　깊이 감사하시네.
우리의 시드께서 비바르를 떠나　　부르고스로 향하시네.
자신의 저택을　　저토록 황량하게 버려둔 채로.[4)]

두 눈엔　　눈물이 가득한 채,[5)]
고개를 돌려　　자신의 집을 망연히 바라보시네.

---

2) 원문 주: 『20왕 연대기』의 이야기가 계속된다.
3) 원문 주: 이 행과 이어지는 11행은 『까스띠야 연대기』와 『시드의 개인 연대기』에 보존되어 있는 이 『엘 시드의 노래』의 두 번째 개작 본에 들어 있는 것이다. 이는 Per Abbat의 필사본에 보존되어 있는 첫 행들 바로 앞에 있던 행들에 대해 훌륭한 단서를 제공해 준다.
4) 역자 주: 여기까지가 『20왕 연대기』를 바탕으로 한 『엘 시드의 노래』의 개작 부분이다.
5) 원문 주: Per Abbat의 필사본은 이 행부터 시작된다.

대문은 덩그러니 열려있고 　　자물쇠조차 보이지 않네.
횃대도 텅 비어 있네. 　　가죽 덧대도 망토도 보이지 않고,
송골매도, 　　털갈이를 끝낸 보라매도 보이지 않네.[6]
시드께선 한숨을 내 쉬시네, 　　너무 비통하기 때문이라네.
시드께선 침착하고 사려 깊게 　　기도를 드리시네.
-하늘에 계신 주여, 　　축복받으소서!
간악한 적들이 　　저를 이리 만들었나이다.

2

고삐를 잡아 채 　　말을 재촉하시네.
비바르를 떠날 때는 　　까마귀가 오른쪽에서 날아갔으나,
부르고스를 들어설 때는 　　왼쪽에서 날아갔다네.
시드께선 어깨를 움찔하며 　　고개를 가로저으시네.
-길조로군! 알바르 파녜스, 　　우린 추방당했지만,
명예롭게 　　이 까스띠야로 되돌아올 걸세.

3

우리의 시드 루이 디아스께서 　　부르고스에 들어서시네.
그의 곁에는 　　육십명의 기병이 함께 있다네.

6) 역자 주: 우리나라에서는 사냥하는 매를 송골매라 하고 새끼를 길들여서 사냥에 쓰는 매를 보라매라고 한다(『EnCyber 두산백과사전』 참조).

남녀노소 모두　　그가 떠나는 것을 바라보고 있네.
부르고스 인들 모두　　창문 너머로
눈물을 흘리며,　　그렇게 슬퍼한다네.
모두 입을 모아　　말하네.
- *오, 주여, 주군만 제대로 만났더라면　　얼마나 훌륭한 신하가 되었을꼬!*

4

그를 집으로 초대하고 싶지만　　아무도 감히 그리하지 못하네.
알폰소 전하께서　　분노하고 계시기 때문이라네.
날이 저물기도 전에　　부르고스에 칙령이 떨어졌다네.
분명하고도　　단호하게
시드 루이 디아스에게　　아무도 잠자리를 제공하지 말 것이며,
이를 어기는 자는,　　명심할지니,
모든 재산과　　눈을 잃게 될 것이며,
더 나가서는　　육신과 영혼까지도 잃게 될 지어다.
커다란 고통이　　모든 기독교도들을 휘감았다네.
모두 시드에게서 멀찍이 떨어져　　감히 아무 말도 붙이지 못하네.
우리의 전사께선　　한 여관으로 향하시네.
문 앞에 다다랐으나　　문은 굳게 잠겨 있네.
알폰소 왕에 대한 두려움 때문에　　안에서 잠갔기 때문이라네.
문을 부수지 않고는　　절대 들어갈 수 없으리라.
시드의 병사들은　　큰 소리로 주인을 부르네.
안에선 공포에 질려　　아무 대답도 못하네.
시드께서 친히 말을 몰아　　문 앞으로 다가가네.
등자에서 발을 빼　　세차게 문을 두드리시네.

하지만 문은 열리지 않네, 굳게 잠겨 있기 때문이라네.
그 때 아홉살쯤 된 한 소녀가 그에게 나와 말하네.
-전사시여, 좋은 시기에 칼을 차신 이여!
전하께서 금하고 있어요. 어제 밤 칙령이 내려왔어요.
엄하고도 단호하게요.
우린 감히 기사님을 들어와 쉬시게 할 수 없답니다.
그리하면 우린 이 집과 전 재산을 다 잃고 말 거예요.
그 뿐만 아니라 눈까지도 잃고 말 거예요.
시드시여, 불쌍한 처지에 빠진 우리에게선 아무 것도 얻으실 수 없을 거예요.
주께서 자비를 베푸시어, 기사님을 굽어 살피시길 비나이다.
어린 소녀는 이렇게 말하곤 집 안으로 들어가네.
이로써 시드께선 국왕으로부턴 어떤 자비도 기대할 수 없다는 걸 알게 되셨다네.
문에서 되돌아 나와 터벅터벅 부르고스를 떠나시네.
산따 마리아 대성당에 이르자 말에서 내리시네.
무릎을 꿇고 간절히, 간절히 기도를 드리시네.
기도가 끝나자 다시 말에 오르시네.
성문을 나서 아를란손 강을 건너
부르고스 외곽 모래사장에서 야영을 하시네.
군막을 치고 마구를 푸시네.
우리의 시드 루이 디아스, 좋은 시절에 칼을 차신 이께서는
모래사장에서 야영을 하시네, 아무도 그를 집 안으로 받아주지 않기 때문이라네.
그러나 주위엔 늘 그와 함께 하는 충실한 동료들이 있다네.
이렇게 시드께선 잠자리를 마련하시네, 산속에서 야영하듯이.
국왕은 그에게 아무 것도 사지 못하게 했네, 부르고스 경내에선
필요한 모든 것을, 먹을 것조차도.
감히 아무도 그에게 팔지 못했다네, 단 한 푼어치도.

5

마르떤 안똘리네스,　　고명한 부르고스 인인 그가
시드와 그의 병사들에게　　빵과 포도주를 가져왔다네.
그것들을 사온 게 아니라　　자신의 집에서 직접 가져온 것이라네.
그들이 필요로 하는 모든 것을　　다 가져다 주었다네.
시드께선 크게 기뻐하시네,　　저 고귀한 전사께서는.
마르떤 안똘리네스는 말했다네,　　자, 여기서 그가 한 말을 들어보시라.
-전사시여,　　적절한 시기에 태어나신 이여,
오늘 밤은 여기서 묵고　　날이 밝으면 떠납시다.
저 또한 전하께 처벌받을 겁니다,　　장군을 도왔으니까요.
알폰소 전하의 분노에　　저도 위험하게 될 겁니다.
제가 장군과 함께　　여길 살아서 무사히 떠난다면,
언젠가는 전하께서도 저를　　다시 친구로 여기시게 될 겁니다.
그렇게 되지 않는다 해도　　여기 남겨 두는 것들엔 미련 두지 않으렵니다.

6

우리의 시드,　　좋은 시기에 칼을 차신 이께서 대답하시네.
-마르떤 안똘리네스여,　　용감한 기사여!
만일 내가 살아남는다면,　　자네에게 진 빚은 배로 갚아주겠네.
난 이미 가진 것을 다 써 버려　　지금은 동전 한 푼 없다네.
자네도 봐서 잘 알 걸세,　　가져온 것도 없다네.
나를 따르고 있는 병사들을 위해　　필요한 게 무척 많은데 말이야!
내키진 않지만 하겠네.　　좋은 방법으론 아무 것도 할 수 없지.

자네 말에 따라 궤짝 두 개를 채우겠네.
모래로 채우세, 그래야 더 무거울 테니까.
좋은 가죽으로 잘 덮고, 못 질을 단단히 해두세.

7

가죽은 진홍색이 좋고, 못은 잘 도금된 것이어야 하네.
라껠과 비다스에게 가 내 대신 은밀하게 전하게.
내가 전하의 분노를 사 부르고스에선 아무 것도 살 수 없고,
재산은 너무 많고 무거워 다 가져 갈 수도 없으니,
원한다면 이것들을 저당 잡히고 싶다고 말이야.
오늘밤에 이 궤짝들을 가져가게, 다른 사람들이 보지 못하도록.
주님과 성자들께선 다 보시겠지만,
이렇게밖엔 할 수 없잖은가, 나도 마지못해 한다는 걸 알아주실 걸세.

8

마르띤 안똘리네스는 지체 없이 일을 시작하네.
부르고스로 가 성안으로 들어가네.
라껠과 비다스 두 사람을 급히 수소문하네.

9

라껠과 비다스 둘은　함께 앉아
사업으로 벌어들인　돈을 세고 있다네.
마르띤 안똘리네스가　점잖게 들어서네.
-라껠, 비다스,　잘들 지냈는가?
자네들과 은밀히　할 얘기가 있어 왔다네.
세 사람은　지체 없이 주위를 물리네.
-라껠, 비다스,　내게 약속해 주게.
회교도에게든 기독교도에게든　아무에게도 이 일을 발설치 않겠노라고.
내 자네들을 평생 부자로 만들어 주겠네.　이제 궁하지 않게 될 걸세.
전사께선　공물을 거두러 다니시며
엄청난 재물을　받아 오셨다네.
그 중 알짜배기는　다 챙기셨지.
그 중 일부만 가지고 나오셨네.　국왕에게 쫓겨났기 때문이지.
황금이 가득 든　궤짝 두 개만 가져 나오셨네.
이젠 자네들도 왜 전하께서　그 분께 화가 나셨는지 알겠지.
그 분의 다른 재산들과　저택과 성은 모두 남겨두고 왔네.
그 궤짝들도 가져갈 수 없네,　행적이 들통 날 테니까.
전사께선 그것들을　자네들에게 맡기고 싶어 하시네.
그리고 대신　그 만큼 돈을 빌려주게나.
궤짝 두 개는 맡아　잘 간수해주고.
그리고 자네들의 신앙을 걸고　맹세해 주게.
연말까지는　열어보지 않겠노라고.
라껠과 비다스는　서로 의논하네.
-어떤 경우든 우린　이문만 남기면 되지 뭐.
우리도 그 얘긴 잘 알잖아,　그가 돈 좀 벌었다는 걸.

회교도 땅에 들어가　　쾌 많이 긁어왔다지.
돈 많은 사람은　　편히 잠들지 못하는 법이지.
저 궤짝들은　　우리가 맡으세.
그리고 잘 숨겨 놓으세,　　아무도 모르는 곳에 말이야.
-시드께선　　얼마나 받으려 하십니까,
그리고 연말이 되면　　이자를 얼마나 주시겠습니까?
마르띤 안똘리네스는　　짐짓 점잖게 대답하네.
-시드께선 단지　　정당한 거래를 원하시네.
자네들에게 많은 걸 원치는 않으시네,　　그저 보관만 잘 해주게나.
사방에서　　모여드는 사람이 많다네.
그들을 먹여 살리려면　　육백 마르꼬 정도 필요하시네.
라껠과 비다스가 말하길,　　*-기꺼이 내 드리리다.*
-밤이 깊어 가고 있네,　　시드께선 시간이 급하시네.
한 시가 급하니　　지금 돈을 내주었으면 하네.
라껠과 비다스가 대답하네,　　*-거래는 그렇게 하는 게 아닙지요.*
먼저 물건을 받고,　　돈은 나중에 드리는 것이지요.
마르띤 안똘리네스가 말하네,　　*-나도 그리 생각하네.*
두 사람은 막사로 오게.　　전사의 군막으로 말이야.
내 거기서 자네들에게,　　우리가 약속한 대로,
궤짝 두 개를 가져다　　잘 보관하도록 내 주겠네.
이를 아무도 알아서는 안 되네,　　회교도든 기독교도든.
라껠과 비다스는 말하네,　　*-좋습니다.*
궤짝들을 받으면　　육백 마르꼬를 내드립지요.
마르띤 안똘리네스는　　즉시 말을 달려 되돌아가네.
라껠과 비다스도　　흔쾌히 그를 따라 나서네.
그들은 다리를 건너지 않고　　강물을 직접 건너네.
부르고스 주민 어느 누구도　　이 일을 알지 못하게 하려는 거라네.
그들은 군막에 도착하네,　　우리 전사의 군막에.

막사 안으로 들어가　　시드의 손에 입을 맞추네.
시드께선 미소 지으며　　그들에게 말씀하시네.
-라껠, 비다스여,　　나를 잊진 않았겠지?
난 왕국에서 쫓겨났다네,　　전하의 노여움을 샀기 때문이지.
내 보기엔,　　자네들이 내게서 뭔가 이문을 남길만한 게 있다네.
그러면 자네들은 살아가는 동안　　절대 궁하지 않게 될 걸세.
라껠과 비다스는　　다시 시드의 손에 입을 맞추네.
이렇게 해서 마르띤 안똘리네스가　　거래를 성사시켰다네.
그에 따라 그들은 궤짝 대가로　　육백 마르꼬를 내놓고,
그 궤짝들을　　연말까지 보관할 거라네.
그들은 자신들의 신앙을 걸고　　이를 맹세한다네.
만약 그 전에 열어　　약속을 어긴다면,
우리의 시드께선　　동전 한 푼 내주지 않으실 거라네.
마르띤 안똘리네스가 말하네,　　*-궤짝들을 싣게나.*
라껠, 비다스여,　　가져가 잘 보관하게나.
내가 자네들을 따라가　　돈을 받아 오겠네.
시드께선　　새벽닭이 울기 전에 떠나셔야만 하네.
궤짝들을 실을 때　　얼마나 기뻐했을지 상상해 보시라.
있는 힘을 다해서야 겨우　　말 잔등에 실을 수 있었다네.
라껠과 비다스는 뿌듯했다네,　　보물단질 얻었으니까.
둘은 이제 평생　　큰 부자가 됐다고 생각했다네.

10

라껠은 시드의 손에　　입을 맞추고는 떠나가네.
-전사시여,　　좋은 시기에 칼을 차신 이여.

이제 까스띠야를 떠나　　이방인들의 땅으로 가시는군요.
운이 없어 그런 거지만　　얻는 것은 많으실 겁니다.
모로식으로 잘 세공된　　진홍빛 모피 외투,
시드시여, 제가 그대 손에 입을 맞추는 건　　그걸 갖고 싶기 때문이랍니다.
시드께서 말씀하시네,　　*-알았네, 약속함세.*
자네에게 가져다줌세.　　그렇지 못하면 궤짝에서 떼어 갖게나.
라껠과 비다스 두 사람은　　즉시 궤짝들을 싣고,
마르띤 안똘리네스는 그들을 따라　　부르고스로 가네.
아주 은밀하게　　집으로 향하네.
거실 한복판에　　커다란 양탄자를 깔고,
그 위에 다시 값비싼　　흰색 보자기를 펼쳐 놓네.
첫 번째 자루에서　　은화 삼백 마르꼬를 쏟아놓네.
마르띤이 일일이 세어 보네,　　무게로 달지 않고.
나머지 삼백 마르꼬는　　금화로 지불한다네.
마르띤은 시종 다섯 명을 시켜　　모두 싣게 하네.
일이 끝나자　　그들에게 한 말을 들어보시라.
-라껠, 비다스여,　　이제 이 궤짝들은 자네들 것이네.
내 자네들에게 큰 돈을 벌게 해주었으니,　　내게 양말 하나쯤 선물해도 되지 않겠나.

11

라껠과 비다스는 따로 떨어져　　단 둘이 이야기를 나누네.
-좋은 선물 하나 해주세,　　그가 원하는 걸로.
-마르띤 안똘리네스여,　　부르고스의 명망 높으신 분이여.
그만한 가치가 있으니,　　나으리께 좋은 선물을 하나 드리고 싶습니다.

양말 하나 사세요,　　좋은 모피와 망토도요.
선물로 드리는 겁니다.　　약소하지만 삼십 마르꼽니다.
받으세요.　　거래는 성사되었고,
저희 나으릴 믿고　　이 일을 했으니까요.
마르띤은 감사하며　　그 돈을 받네.
집에서 나와　　그들에게 작별을 고하네.
부르고스를 벗어나　　아를란손 강을 건너네.
막사로 돌아오네,　　좋은 시기에 태어나신 이의 막사로.
우리의 시드께선 그를 맞으시네,　　두 팔을 활짝 벌려서.
-드디어 왔군, 마르띤 안똘리네스,　　나의 충성스런 부하여!
언제 내 그대에게　　보답할 날이 오게 되길!
-전사시여,　　거래를 무사히 마쳤나이다.
여기 육백 마르꼬를 가져 왔습니다.　　삼십 마르꼬는 제 몫이라고 주더군요.
군막을 거두고　　빨리 떠납시다.
산 뻬드로 데 까르데냐쯤 가면　　첫 닭이 울 겁니다.
그러면 부인을 보고 가실 수 있을 겁니다,　　귀한 가문의 따님이시지요.
지체하지 말고　　왕국을 빨리 벗어나야 합니다.
서두르세요,　　시간이 다 돼 갑니다.

12

이렇게 말하고 있는 사이,　　군막이 다 걷혔네.
시드와 그의 충성스런 부하들은　　서둘러 말에 오르네.
말머리를 돌려,　　산따 마리아 대성당을 바라보네.
오른손을 들어 올려　　얼굴에 성호를 긋네.
-하늘과 땅을 주재하시는 주여,　　감사드리나이다!

영광스런 성모 마리아시여,　　저를 굽어 살피소서!
저는 전하의 분노를 사　　까스띠야에서 쫓겨났나이다.
살아생전 언제 다시　　돌아올 수 있을지 모르나이다.
성모 마리아시여, 이제 떠나오니　　제게 용기를 주소서!
낮이나 밤이나　　저를 도와주시고 보살펴주소서.
그리 하시어,　　제게 행운이 따른다면,
당신의 제단에　　값진 선물과 공물을 바치겠사오며,
약속드리오니,　　수 천 번의 미사를 올리겠나이다.

13

우리의 시드께선　　용기를 얻고 떠나시네.
고삐를 채　　달리기 시작하시네.
그 때 마르띤 안똘리네스,　　저 충성스러운 부르고스 인이 말하길,
-제 집사람 좀　　보고 갔으면 합니다.
제가 없는 동안 할 일을　　일러줘야 하거든요.
전하께서 제 재산을 몰수하는 건　　별로 개의치 않습니다.
동이 트기 전에　　다시 합류하겠습니다.

14

마르띤은 부르고스로 되돌아가고,　　시드께선 서둘러 말을 몰아가시네.
산 뻬드로 데 까르데냐로　　박차를 가해 달리시네.
그를 지극히 섬기는　　기사들과 함께.

곧 첫 닭이 울며,   날이 밝으려하네.
바로 그 때 산 뻬드로에 도착하시네,   우리의 전사 시드께서.
주님을 극진히 섬기는   산초 원장께선
떠오르는 햇살을 받으며,   새벽 기도를 올리고 계시다네.
거기 돈냐 히메나와   다섯 명의 시녀가 함께 있네.
베드로와 주님께   기도를 드리고 있다네.
-세상 만물을 주재하시는 주님,   저의 전사 시드를 굽어 살펴주옵소서!

15

일행은 문을 두드려   자신들이 온 것을 알리네.
오, 주여, 산초 원장께서   얼마나 기뻐하시든지!
촛불을 켜들고   모두 안마당으로 뛰어 나오네.
기쁨에 들떠 그를 맞이하네,   적절한 때에 태어나신 이를.
-오, 시드여,   산초 원장께서 말씀하시네.
-여기서 자넬 보게 되다니,   어서 오시게나.
우리의 시드께서 대답하시네,   적절한 때에 태어나신 이께서.
-감사합니다, 원장님,   저도 원장님을 뵈니 기쁩니다.
먹을 것을 준비해야겠습니다,   저와 제 부하들을 위해서요.
이제 이 땅을 떠나오니   오십 마르꼬를 드리겠습니다.
제가 살아 돌아오면,   배로 갚아드리지요.
수도원에서 저 때문에   돈 쓰시는 것은 원치 않습니다.
여기 히메나 앞으로   백 마르꼬가 있습니다.
올 해 두 딸과 시녀들도   잘 부탁드립니다.
두 딸은 아직 어리니   잘 보살펴 주십시오.
원장님께 모두 맡기고 떠납니다,   산초 원장님.

제 아내와 아이들을   잘 보살펴주소서.
돈이 부족하거나   궁하시더라도
필요한 건 모두 주십시오.   제가 다 갚아 드리겠습니다.
일 마르꼬를 쓰시면   수도원에 네 배로 갚아 드리겠습니다.
이 말에 수도원장께선   흔쾌히 수락하시네.
돈냐 히메나를 보시라.   저기 두 딸을 데리고 오고 있네.
시녀들이 하나씩   두 딸에 안고 오고 있네.
시드를 보자 히메나는   그의 무릎에 얼굴을 묻네.
두 눈에선 눈물을 흘리며   그의 손에 입을 맞추네!
-오, 나의 전사여,   적절한 때에 태어나신 이여!
간신들의 모함에 빠져   왕국에서 쫓겨나시다니요.

16

-시드여,   멋진 수염을 기르신 이여!
우린 모두 그대와 함께 있어요,   나와 우리 두 딸 모두.
보세요, 작지요,   아직은 어린 아이들이랍니다.
시녀들이 돌보고 있어요.   나도 잘 도와주고 있고요.
압니다,   이제 떠나셔야 지요.
우린 여기서 당신과   생이별을 하는군요.
오, 자비로우신 성모 마리아시여,   어찌 하오리까!
아름다운 수염을 흩날리며   시드께선 팔을 뻗어
두 딸을   감싸 안으시네.
품속에 꼭 끌어안으시네,   한없이 사랑하시기 때문이라네.
두 눈엔 눈물이 가득 고인 채,   긴 한숨을 내쉬시네.
-히메나,   나의 사랑하는 아내여.

내 영혼만큼이나　　당신을 사랑하오.
당신도 알다시피,　　우린 이제 헤어져야하오.
난 떠나고　　당신은 여기 남아야만 하오.
주님과 성모 마리아께　　기도해 주오.
282b *우리 딸들을　　내 손으로 결혼시킬 수 있게 해 주시고,*
행운을 내리시어　　내 생명을 보호해주시고,
그리하여 현숙한 히메나여,　　내 당신을 보살펴줄 수 있도록 해 주십사고!

17

우리 훌륭한 전사를 위해　　음식을 푸짐하게 준비하네.
산 뻬드로 성당에서　　모든 종이 일시에 울리네.
까스띠야에선　　소문이 돌고 있다네.
우리의 전사 시드께서　　어떻게 왕국을 떠나셨는지.
어떤 이들은 집을 버리고,　　어떤 이들은 명예를 버리고
그 날로　　아를란손 강을 건너네.
백십오 명의 기사들이　　모였다네.
모두 전사 시드를　　따르려 한다네.
마르띤 안똘리네스가　　이들을 모두 모아
산 뻬드로로 가네,　　좋은 시기에 태어나신 이께서 계신 곳으로.

18

이 사실을 전해들은　　우리 비바르의 시드께선

자신의 군대가 늘어나면　　더 힘이 생길 것이므로
급히 말을 몰아　　그들을 맞으러 나오시네.
그들을 보시자,　　희색이 만면하네.
모두 그에게 다가와　　손에 입을 맞추네.
우리의 시드께선　　진심으로 그들을 환영하시네.
-*주님과 성부께　　간절히 청하노니,*
나를 위해 집과 재산을　　모두 버린 그대들에게
내 죽기 전에　　반드시 보답할 수 있게 되길 바라노라.
그대들이 잃은 것은　　내 배로 갚아 주겠노라.
우리의 시드께선 기뻐하시네,　　자신의 군대가 늘어나서.
일행들도 기뻐하네,　　그와 함께 있게 된 모든 이들도.
육 일이라는 시간이　　그렇게 지나갔네.
이제 남은 건 삼 일뿐이라네.　　더 이상의 시간은 없다는 걸 알아두시라.
알폰소 왕은　　시드를 잘 감시하라 명했다네.
그 시간이 지나도　　왕국 내에 머물러 있으면,
어떠한 금은보화로도　　도망칠 수 없을 것이라네.
날이 저물고　　밤이 깊어 가네.
시드께선 병사들에게　　모두 모이라 명령하시네.
-*모두 잘 들어라,　　낙담하지 마라.*
내 가진 것은 없지만　　그대들 몫은 나누어주겠노라.
모두　　할 일을 명심하라.
내일 아침　　첫 닭이 울면,
모두 지체 없이　　말안장을 올려야한다.
산 뻬드로 원장님께서　　새벽종을 울리고,
우리 모두를 위해　　미사를 올려주실 것이다.
미사가 끝나면,　　우린 즉시 말을 타고 떠날 것이다.
시간은 다 돼가고　　갈 길은 멀기 때문이다.
시드께서 이처럼 명령하시자,　　모두 그리하겠노라고 대답하네.

밤이 깊더니,   날이 밝아오네.
두 번째 닭이 울자   안장을 올리네.
종이 울리네,   새벽을 알리는 종이.
시드와 그의 아내는   예배당으로 향하네.
히메나는   제단 앞에 꿇어앉아,
주님께 기도를 드리네,   성심을 다해.
전사 시드를   악으로부터 구원해 달라고.
-영광스러운 주님,   하늘에 계신 아버지시여!
당신은 하늘과 땅을 만드셨고,   세 번째 날에는 바다를 만드셨나이다.
별과 달을 만드셨고,   대지를 덥히도록 태양을 만드셨나이다.
성모 마리아를 통해   이 땅에 오셨나이다.
당신은 당신의 의지대로   벨렌에서 태어나셨나이다.
목동들이 당신께 영광을 드리고   찬미하였나이다.
아라비아의 세 동방박사가   당신을 경배하러 왔나이다.
그들의 이름은 멜초르,   가스빠르, 발따사르 이나이다.
그들은 황금과 향, 몰약을   당신께 바쳤나이다.
당신은 바다에 빠진   요나를 구하셨고,
악인의 감옥에 갇힌 다니엘을   사자들로부터 구하셨나이다.
로마에서는   성 세바스띠안을 구하셨고,
저 거짓 죄목으로부터   성 수산나를 구하셨나이다.
주여, 사막에서   삼십이 일을 보내시고,
우리에게 기적을 보이시어,   모두 그것을 믿게 하셨나이다.
당신은 물로 포도주를 만드시고,   돌로 빵을 만드셨으며,
라사로를 되살리셨나이다.   이 모든 게 당신의 뜻에 따른 것이로소이다.
유대인들이 깔바리오 산에서   당신을 붙잡아,
골고다 언덕에서   십자가에 못 박았나이다.
두 명의 도둑이   당신 양옆에 있었나이다.
한 명은 천국에 들어갔으나,   다른 한 명은 들어가지 못했나이다.

십자가에 못 박힌 채　　당신은 커다란 기적을 행하셨나이다.
롱기누스는　　앞 못 보는 장님이었으나,
창으로 당신 옆구리를 찔러　　피가 흐르게 하였나이다.
그 피는 창을 타고 아래로 흘러　　그의 두 손을 적셨나이다.
그가 두 손을 들어올려　　얼굴을 만지자,
눈이 뜨여　　모든 걸 볼 수 있게 되었나이다.
그리고 즉시 당신을 믿고　　악으로부터 구원받았나이다.
주께선 때가 되자　　부활하시어
당신의 의지대로,　　지옥으로 내려가셨나이다.
지옥문을 부수고　　교부들을 구하셨나이다.
왕 중의 왕이시여,　　세상의 아버지시여,
내 정성을 다하여　　당신을 믿고 경배하나이다.
성 베드로께도 청하오니,　　도와주소서.
저의 전사 시드를 주께서 악으로부터　　보호해주소서.
오늘은 우리가 헤어지지만　　살아서 다시 만날 수 있도록 해주소서.
기도를 마치자,　　미사가 끝나네.
예배당을 나와　　모두 말에 오르네.
시드께선　　히메나를 끌어안으시네.
히메나께선 시드의 손에　　입을 맞추시네.
두 눈엔 눈물을 흘리며　　어찌할 바를 모르시네.
시드께선 어린 두 딸을　　하염없이 바라보시네.
-주여,　　당신께 저들을 맡기나이다.
저는 지금 떠나오나,　　주님께선 우리가 다시 만나게 될 걸 아십니다.
그가 떠날 때 모두 우네,　　일찍이 그대들도 그런 광경은 보지 못했을 것이라네.
서로 헤어지네,　　손가락에서 손톱이 빠지듯 그렇게.
우리의 시드께선 병사들과 함께　　말을 몰아가시네.
마치 일행을 기다리려는 듯　　고개를 다시 뒤로 돌리시네.
그러자　　미나야 알바르 파네스가 말하네.

-시드시여, 좋은 시기에 태어나신 이여,　　그 좋은 결단력은 어디 갔습니까?
380 *우린 떠나야 합니다,　　자, 가십시다.*
이 고통이 언젠가는　　기쁨으로 변할 것입니다.
우리에게 영혼을 주신 주님께서　　우릴 보호해주실 겁니다.
산초 원장께　　다시 청하시네.
거기 남겨지는 히메나와 두 딸을　　잘 보살펴달라고.
385 그리고 남게 된　　시녀들도.
또 그리 해준다면　　산초 원장께도 크게 보답할 것이라고.
알바르 파녜스는 떠나면서　　원장님께 말씀드리네.
-병사들이 와　　우리와 합류하길 원한다면,
흔적을 따라서　　뒤를 쫓아 오라고 전해주세요.
390 *그러면 황야에서건 마을에서건,　　곧 우릴 만나게 될 거라고요.*
고삐를 채　　말을 달리기 시작하네.
곧 시간이 다 돼 가니　　왕국을 벗어나야만 한다네.
밤이 되자 시드께선　　에스삐나소 데 깐에서 야영하시네.
395 그날 밤 사방에서 많은 병사들이　　그에게 모여드네.
394 아침이 되자,　　계속 말을 달리시네.
396 이제 막 왕국을 벗어나시려 하네,　　우리의 충성스러운 전사께서.
왼쪽으로 아름다운 도시　　산 에스떼반이 보이네.
399 곧이어 알꾸비야를 지나니,　　아, 여기가 까스띠야의 끝이로구나.
400 곧 끼네아 대로를　　따라 가
나바스 데 빨로스에서　　두에로 강을 건너시네.
피게루엘라에 이르러　　시드께선 다시 숙영을 하시네.
또다시 사방에서 병사들이　　그의 곁으로 모여드네.

19

밤이 되자,　　시드께선 그 곳에서 여장을 푸시네.
곧 깊은 잠에 빠져　　달콤한 꿈을 꾸시네.
천사장 가브리엘이　　그에게 나타나셨네.
-말에 오르라, 시드,　　훌륭한 전사여.
아무도 이 보다 더 좋은 시기에　　말을 타진 못했노라.
그대 살아가는 동안　　모든 게 다 잘 풀릴 것이로다.
시드께서는 꿈에서 깨자　　얼굴에 성호를 그으시네.

20

얼굴에 성호를 그으시며　　새삼 주님께 의탁하시네.
간밤의 꿈으로　　매우 만족해하시네.
아침이 되자　　다시 말을 재촉하시네.
그 날은 바로 왕이 정한 날로,　　이제 더 이상 시간이 없다는 걸 알아두시라.
일행은 미에데스 산 속에서　　휴식을 취하네.
398 이제 저기 오른쪽에 보이는　　저 아띠엔사 성부터는 모로 인들의 땅이라네.

21

416 날이 저물기 전,　　아직 햇살이 남아있을 때,
우리의 전사 시드께선　　병사들을 점호하라 명하시네.
모두 용감한 병사들인　　보졸들을 제하고도

삼백 개의 창이 점호돼　　모두 깃발을 달았다네.

22

-말먹이를 일찍 주어라,　　주께서 그대들을 굽어 살피시리라!
식사할 사람은 하고,　　그렇지 않은 사람은 말에 오르라.
우린 오늘 밤 저 산을 넘을 것이다,　　저 깊고 험한 산을.
알폰소 전하의 영토를　　오늘 밤 안으로 벗어날 것이다.
후에 우리를 찾고자 하는 자도　　우리와 쉽게 합류할 수 있을 것이다.
한 밤중이 되자 산을 넘네,　　먼동이 터 올 무렵[7]
산등성이에서 내리막길로　　걷기 시작하네,
깊고도 험한　　산 속에서.
시드께선 휴식을 취하고　　말먹이를 주라 명하시네.
모두에게 말씀하시네,　　밤사이 산을 넘길 원한다고.
충성스런 부하들은　　진심으로 그를 따르네.
주군의 명이라면 뭐든　　기꺼이 그를 따를 것이라네.
날이 새기 전에[8]　　모두 말에 오르네.
시드께서 그리하시는 건　　아무에게도 행적을 노출시키지 않으려 함이네.
밤새 걷네,　　쉬지도 않고.
저기 에나레스 강변에　　까스떼혼이 보이네.
우리의 시드께선 은밀히 매복하시네,　　그를 따라온 병사들을 데리고.

---

7) 역자 주: 원문(425행)은 venida es la man이다.
8) 역자 주: 원문(432행)에는 Ante que anochesca ('저물기 전에')로 되어 있으나, 문맥상 '날이 새기 전에'가 더 적절하다.

23

밤새도록　　우리의 시드께선 엎드려 매복해 계셨다네.
이는 알바르 파네스 미나야가 꾸민　　계략에 따른 것이라네.
-시드시여,　　좋은 시기에 칼을 차신 이여!
형님께선 병사들 중　　백 명을 맡으십시오.
저 까스떼혼은　　은밀히 매복했다 점령할 수 있을 겁니다.
형님께선 이를 맡아　　후미에 남으십시오.
제게 이백 명만 주시면　　전초대로 나가겠습니다.
주님과 형님의 행운이 함께 해　　우린 크게 이길 겁니다.
전사께서 말씀하시길,　　***-좋은 생각일세, 미나야.***
자넨 이백 명을 데리고　　전초대로 나가게.
빈틈없는 알바르 알바레스와　　알바르 살바도레스를 데려가게.
그리고 저 갈린도 가르시아도 데려가게,　　용감한 창병이지.
용감한 기사들이여,　　미나야를 따라가라.
용감히 말을 달려라,　　아무 것도 두려워 말고.
이따를 지나고　　구아달라하라를 지나
알깔라까지 나가라,　　전초대여.
그리고 전리품들을　　잘 챙겨오라.
모로인들이 두려워　　잃지 않도록 하라.
나는 백 명의 병사들과 함께　　여기 후미에 남아
까스떼혼을 점령해　　우리의 기지로 삼을 것이다.
만일 전초대에서　　무슨 일이 생기면
즉시 내게 알려라,　　이 후미대로.
그리하면 내가 준 도움에 대해　　온 나라가 다 칭송하게 될 것이로다.
전초대로 나갈 기사들이　　호명되네.
나머지는 시드와 함께　　후미에 남을 것이라네.

먼동이 트며　　아침이 밝아 오네.
태양이 떠오르네.　　오 주여, 얼마나 아름다운 광경이나이까!
까스떼혼에서도　　모두 자리에서 일어나네.
문을 열고　　밖으로 나오네.
일터와　　밭으로 나가기 위해
모두 나가네,　　성문을 활짝 열어 놓은 채로.
까스떼혼에　　남아 있는 사람은 몇 안 된다네.
주민들은 거의 모두　　성 밖으로 나갔네.
우리의 전사께선　　매복에서 나와
들판을 내달려　　까스떼혼을 빈틈없이 포위했네.
[성 밖에 있던][9] 남녀노소 모로 인들을　　모두 포로로 잡았네.
그리고 그들이 치고 있던　　가축들도 모두.
우리의 시드 로드리고께서　　성문으로 말을 달려가시네.
성문을 지키고 있던 병사들은　　이 갑작스러운 기습에 놀라
두려움에 떨며　　도망 쳐버렸다네.
우리의 시드 루이 디아스께서　　성안으로 들어서시네.
손에는　　칼을 뽑아든 채로.
그에게 대항하다　　열다섯 명의 모로 인이 죽었다네.
그렇게 해서 까스떼혼을 점령하고　　금은보화를 노획하셨다네.
병사들은　　전리품을 모아
모두 시드께로 가져오네,　　등 뒤로 챙기지 않고.
자, 여기서 다시 전초대로 나간　　이백 세 명 얘기로 돌아가 봅시다.
그들은 주저 없이 말을 달려　　닥치는 대로 휩쓸었다네.
미나야의 군대는　　알깔라까지 나아갔네.
거기서 다시　　전리품을 거두어 돌아오네.
에나레스 강을 건너고　　구아달라하라를 거쳐

9) 역자 첨가.

막대한 전리품을   거두어 오네.
양과 소를 비롯한   수많은 가축들도,
멋진 옷가지와   온갖 재물들도 다 거두어오네.
미나야의 군대는   기치를 높이 들고 오네.
감히 아무도   그들의 배후를 공격치 못하네.
이 전리품들을 갖고   그의 군대가 돌아오네.
까스떼혼에 닿자   시드께서 말을 달려 마중 나오시네.
성은 초병들에게 맡겨 두고   전사께서 직접 나오시네.
군대를 이끌고 나와   그들을 맞이하시네.
두 팔을 활짝 벌려   미나야를 맞이하시네.
-돌아왔는가? 알바르 파녜스,   용감한 기사여!
자넬 보내기만 하면   늘 좋은 소식을 가져오지.
자네 전리품들도 여기 합치게,   모든 전리품들을 다 말이야.
오분의 일은 자네에게 주겠네,   자네가 원한다면 말이야, 미나야.

24

-대단히 감사합니다,   고명하신 전사시여.
제게 주시는   오분의 일이면
까스띠야의 알폰소 전하까지도   만족시켜드릴 수 있을 겁니다.
하지만 저는 이걸   받지 않겠나이다.
하늘에 계신   주님 앞에서 약속드리오니,
내 훌륭한 말 위에서   내 스스로 만족할 때까지,
즉, 모로인들과   들판에서 맞붙어
손에 창과   칼을 빼들고
팔꿈치 아래로   피가 흘러내리도록 싸워 만족할 때까지

훌륭하신 전사   루이 디아스시여,
형님으로부터 아무 것도 받지 않겠나이다,   단 한 푼도.
그러니 저로 인해 얻으시는 건   뭐든지
그 모든 걸 다   형님께 맡기겠나이다.

25

전리품들을   모두 모으네.
우리의 시드께선 생각하시네,   좋은 시기에 칼을 차신 이께서는,
알폰소 왕이   부하들을 이끌고
자기를 치러   올지도 모른다고.
그는 지체 없이 그 모든 전리품들을   나누라고 명하시네
분배 임무를 맡은 자들에게는   서류로 보고하라 명하시네.
기사들은 모두   부자가 되었다네.
그들 모두에게   은화 백 마르꼬씩 돌아갔다네.
병사들에겐   그 절반씩 돌아갔다네.
오분의 일은   우리의 시드 몫이라네.
그러나 여기선 그것들을   팔수도 없고 선물할 사람도 없으시다네.
남자든 여자든 포로들도   데려가고 싶어 하지 않으시네.
해서 까스떼혼 주민들에게   또 이따와 구아달라하라로도 사람을 보내
이 전리품들을   얼마에 사겠느냐고 물으시네.
그걸 사는 자는   큰 이익을 얻게 될 거라네.
모로 인들은 그 값으로   은화 삼천 마르꼬를 냈다네.
우리의 시드께선 만족해   이 거래를 받아들이시네.
세 번째 날,   그에게 돈이 지불되네.
우리의 시드 생각에   자신의 군대가
이 성에   머무는 건 적절치 않다네.

지킬 수는 있으리라,　　그러나 물이 부족하다네.
-모로 인들은 평정되었다.　　협정이 맺어졌노라.
알폰소 전하께서　　군대를 동원해 우릴 찾으실 것이다.
나는 이 까스떼혼을 떠날 것이다.　　잘 들어라, 병사들과 미나야여!

26

내가 하는 말에　　너무 서운해 하지 마라.
우린 이 까스떼혼에　　더 이상 머물 수 없다.
알폰소 전하께서 가까이 계시니　　우릴 찾아오실 지도 모른다.
그러나 이 성을　　파괴하고 싶진 않도다.
난 수 백 명의 모로 인들에게　　자유를 돌려주겠노라.
내가 저들로부터 얻은 것에 대해서　　나쁘게 얘기하지 않도록 말이다.
그대들은 모두 적절히 보상받았다.　　한 명도 빠짐없이.
내일 아침,　　우린 말을 타고 떠날 것이다.
주군인 알폰소 전하와는　　싸우고 싶지 않도다.
시드의 말씀에　　모두 수긍하네.
성을 점령해　　모두 부자가 되었다네.
모로 인들도　　그를 칭송하네.
그들은 가능한 한 빨리 걸어서　　에나레스 강 상류로 가네.
알까리아스를 지나　　계속 나아가네.
꾸에바스 데 안끼따도　　지나가네.
강을 건너[10]　　따란스 평원에 들어서네.
걸을 수 있는 한 최대한 빨리　　벌판을 따라 내려가네.

10) 역자 주: 따후냐 (Tajuña) 강.

시드께선 아리사와 세띠나 사이에서　　야영을 하시네.
가는 곳마다　　많은 전리품을 거두시네.
모로 인들은　　이들의 전술을 짐작조차 못한다네.
다음 날 우리 비바르의 시드께선　　다시 떠나시네.
알아마를 지나고　　라 오스 강을 따라 내려가시네.
부비에르까를 지나　　더 앞에 있는 떼까까지[11] 가시네.
마침내 시드께선 알꼬세르에 이르러　　휴식을 취하시네.
둥근 언덕 위,　　견고하고 높은 언덕 위에서.
근처에 할론 강이 흐르고 있으니,　　식수를 차단당하진 않으리라.
우리의 시드 로드리고께선　　알꼬세르를 점령하려 하신다네.

27

언덕 위에　　군막을 튼튼하게 치네.
일부는 산 쪽을,　　일부는 강 쪽을 경계하네.
우리의 전사,　　좋은 시기에 태어나신 이께서는
강물이 흐르고 있는　　언덕 주위에
부하들에게 명해　　웅덩이를 파게 하시네.
낮이든 밤이든　　기습을 당하지 않도록,
그리고 시드께서 거기 계시다는 사실을　　알 수 있도록.

---

11) 역자 주: 현 아떼까 (Ateca). 깔라따윳에서 남서쪽으로 약 15km 지점에 위치.

28

삽시간에 그 일대로　　소문이 퍼지네.
전사 시드가　　거기에 와 있다고,
기독교도들의 땅을 떠나　　여기 모로 인들의 땅으로 들어왔다고.
그 주변 일대엔　　감히 아무도 일하러 들판에 나오지 못하네.
시드와 그의 부하들은　　모두 기뻐하네.
알꼬세르에서　　공물을 바쳐왔기 때문이라네.

29

알꼬세르 주민들은　　시드께 공물을 바쳐왔네.
떼까와　　떼레르 주민들도.
깔라따윳 주민들도　　무척 두려워하고 있다는 걸 알아두시라.
시드께선 거기 머무셨네,　　십오 주 동안을.
그러나 시드께선　　알꼬세르가 끝내 성문을 열지 않자
계책을 꾸며　　지체 없이 시행하시네.
군막 하나만 남기고　　나머지는 모두 걷으셨네.
할론 강을 따라　　군기를 앞세우고 내려가시네.
갑옷을 차려 입고　　허리엔 칼을 차시고.
은밀하게　　매복을 하시네.
알꼬세르 주민들이 이를 보았다네.　　오 주여, 얼마나 환호하든지!
-시드에겐 다 떨어졌어,　　말먹이도 빵도.
군막을 다 걷고　　하나만 남겼잖아.
시드가 떠나고 있어,　　마치 패해 달아나는 것처럼 말이야.

저 자를 급습해　　전리품을 얻읍시다.
떼레르 인들이　　먼저 치기 전에.
그들이 먼저 공격한다면　　우린 아무 것도 얻지 못하게 될 거야.
우리에게 걷어간 공물을　　두 배로 돌려받읍시다!
알꼬세르에서 앞을 다투며　　몰려나오네.
시드께선 성 밖에서 이를 보시자,　　짐짓 달아나는 척 하시네.
그의 병사들은　　할론 강을 따라 내려가네.
알꼬세르 주민들은　　*-적들이 도망치고 있다!*고 외치네.
어른이건 아이건 모두　　성 밖으로 뛰쳐나오네.
전리품을 약탈하는 것 이외에　　다른 건 생각지도 않는다네.
성문은 활짝 열어둔 채,　　아무도 지키지 않고 있다네.
이에 우리의 전사께선　　고개를 돌려
모로 인들과 성 사이가　　충분히 벌어졌음을 보셨다네.
그러자 군기를 돌리라 명하시고,　　박차를 가하시네.
-쳐라, 기사들이여!　　두려워 마라!
주님의 은총으로　　우린 승리할 것이로다!
말머리를 되돌려 저들과　　들판 한가운데서 맞서시네.
오, 주여,　　이 날 아침 환호가 얼마나 대단했던고!
우리의 시드와 알바르 파네스가　　앞장서 달려가네.
말들은 훌륭히,　　알아두시라, 기민하게 움직이고 있구나.
모로 인들과 성 사이를　　재빨리 차단하네.
우리 시드의 병사들은　　인정사정없이 공격하네.
잠깐 동안에　　모로 인 삼백 명을 죽였다네.
커다란 함성을 지르며　　매복해 있던 시드의 병사들이
그들을 뒤로 한 채,　　성을 향해 달려가네.
칼을 휘두르며　　성문을 점령하네.
곧 동료들이 도착하자　　전투가 모두 끝나네.
우리의 시드께선 이렇게 알꼬세르를 점령하셨다네,　　알아두시라, 이런 계책을 쓰셨다는 것을.

30

빼르 베르무데스,　　손에 군기를 든 이가 와
그 깃발을 제일 높은 곳에 꽂네.
우리의 시드 루이 디아스,　　좋은 시기에 태어나신 이께서 말씀하시길,
-하늘에 계신 주여,　　모든 성인들이시여, 감사드리나이다!
이제서야 병사들과 말들에게　　편한 잠자리를 마련해 주게 되었나이다.

31

알바르 파녜스와 모든 기사들이여,　　잘 들어라!
우린 이 성에서　　막대한 전리품을 노획했다.
모로 인들은 대부분 죽었고　　일부만이 살아남았노라.
남자건 여자건　　우린 팔지 않을 것이로다.
그들의 목을 쳐봤자　　아무 이득도 없을 것이다.
그러니 모두 성안으로 불러들이자,　　이젠 우리가 주인이니까.
우린 그들의 집에서 잘 것이고,　　그들의 시중을 받을 것이로다.

32

시드께선 이 승리로　　알꼬세르를 차지하셨다네.

들판에 남겨두었던　　군막을 거둬 오라 명하시네.
이 승리로 떼까 인들과　　떼레르 인들이 두려워 떨고 있다네.
깔라따윳 인들 역시　　알아두시라, 공포에 떨고 있다네.
저들은 발렌시아 왕에게　　사신을 보내 알리네.
-시드 루이 디아스 데 비바르라　　불리는 자가
알폰소 왕의 분노를 사　　왕국에서 추방당했는데
매우 중요한 지역인　　알꼬세르에 와
매복해 있다가　　성을 점령했나이다.
전하께서 도와주시지 않으면　　떼까와 떼레르도 잃게 될 것이옵니다.
깔라따윳 또한　　빠져나갈 방도가 없나이다.
할론 강 유역 전체가　　다 위태롭나이다.
건너 편　　힐로까 지역처럼 될 것이옵니다.
따민 왕은 이를 듣자　　무척 분개하네.
-내 곁엔 모로인 영주가[12]　　*세 분이나 있네.*
두 분은 한 시도 지체 말고　　그리로 가시오.
병사 삼천 명을 데리고 가　　싸울 준비를 하시오.
국경 주민들도 함께　　그대들을 돕도록 하시오.
시드를 생포해　　내 앞에 끌고 오시오.
함부로 내 땅에 들어 왔으니　　그 댓가를 톡톡히 치르게 하겠노라.
삼천 명의 모로 인이 말을 타고　　혹은 걸어 행군하네.
그 날 밤 세고르베에서　　휴식을 취하네.
다음 날 아침,　　다시 말에 오르네.
다시 세야에 이르러　　잠을 청하네.

---

12) 역자 주: 원문 (637행)에는 Tres reyes veo de moro라고 되어 있다. 그러나 당시에는 회교도들의 세계가 수십 개의 소왕국으로 분할되어 있었어도, 왕이라 할 수 있는 것은 발렌시아나 세비야, 그라나다 정도의 왕들뿐이다. 그 밖에는, 명목상으로는 왕이라 불릴 지라도, 실질적으로는 주요 왕들 휘하의 지방 영주들일 뿐이다. 따라서 여기서도 발렌시아의 왕만을 왕이라 번역하고, 파리스와 갈베는, 원문에는 rey (왕)이라고 되어 있지만, 그 휘하의 영주로 번역한다.

거기서 국경 지대 주민들에게 　　통문을 띄우네.
지체 없이 병사들이 　　각 지에서 모여드네.
모두 세야, 　　까날이라고도 불리는 지역을 떠나
하루 종일 　　쉼 없이 걸어
그 날 밤에는 　　깔라따윳에서 쉬네.
각 지역으로 　　전령을 띄워
군대를 모으네, 　　용감하고 훌륭한 병사들을.
그들은 모두 이 두 영주 　　파리스와 갈베의 명령에 따라
알꼬세르로 가 　　우리의 시드를 포위할 것이라네.

33

군막을 세우고 　　야영을 하네.
병사들이 점점 늘어나 　　그 수가 많아지네.
모로 인들은 주변을 　　철저히 경계하네.
밤이든 낮이든 　　단단히 무장한 채로.
보초도 많고 　　병사 수도 많다네.
시드의 군대에게서 　　식수를 차단하네.
시드의 병사들은 　　나가 싸우려 하네.
그러나 좋은 시기에 태어나신 이께선 　　이를 말리시네.
그렇게 포위되어 있었다네, 　　삼 주 동안이나.

34

포위 당한지 삼 주가 지나고 　　사 주째로 접어드네.

시드께서 부하들을　　불러 모으시네.
-식수도 끊겼고　　식량도 다 떨어져 가고 있다.
밤에 몰래 나가도　　우릴 그냥 두진 않을 것이다.
저들은 숫자가 많으니　　맞서 싸우기가 쉽지 않다.
기사들이여, 말해 보라,　　어찌했으면 좋을지.
먼저 미나야,　　믿음직스러운 기사가 말하네.
-우린 까스띠야에서 추방 돼　　여기까지 왔습니다.
만일 우리가 모로 인들과 싸우지 않으면　　아무 데서도 먹을 것을 얻지 못할 겁니다.
우린 육백 명이　　넘습니다.
주님의 이름으로,　　다른 방법이 없습니다.
공격합시다,　　내일 아침에.
전사께서 대답하시길,　　*-자네 말이 맘에 드네.*
미나야, 역시 자넨　　자네다운 말을 하는군.
모든 남녀 모로 인들을　　밖으로 나가라 명하시네.
이 비밀을　　아무도 모르게 하려 함이네.
밤새　　준비를 서두네.
다음 날 아침,　　태양이 떠오르자
시드께선 부하들과 함께　　무장을 하고 나서시네.
시드께서 말씀하시네,　　자, 잘 들어보시라.
-우리 모두 나가자,　　모두 함께.
단 두 명만 남아　　성문을 지켜라.
우리가 저 들판에서 죽거든　　우릴 성안으로 옮겨라.
그러나 우리가 이기면　　재산이 더 늘어날 것이로다.
베르무데스,　　나의 군기를 들어라.
넌 훌륭한 전사이니　　이 군기를 잘 지키거라.
내 명령 없이는　　함부로 이 대장기를 들고 적진에 뛰어들지 마라.
베르무데스는 시드의 손에 입을 맞추고　　군기를 드네.

성문을 열고   밖으로 몰려 나가네.
모로 경계병들이 이를 보자   본진으로 돌아가 알리네.
모로인들이 얼마나 재빨리 움직여   무장을 하던지!
커다란 북소리에   천지가 진동하네.
여러분들께서는 모로 인들이 재빨리 무장하고   전열을 정비하는 모습을 상상해 보시라.
모로 진영에서는   두 개의 대장기가 나부끼고 있네.
나머지 깃발들은   그 누가 일일이 다 셀 수 있겠는가?
모로 진영이   앞으로 전진해 오네.
시드와 그의 병사들 손에   닿을 듯 가까이 다가오네.
-동요하지 마라, 병사들아,   위치를 고수하라.
아무도 나가지 마라,   내가 명령할 때까지는!
그러나 저 뻬르 베르무데스는   참지 못하네.
군기를 치켜들고   박차를 가해 달려 나가네.
-주여,   충성스런 전사 시드를 굽어 살피소서!
난 장군의 군기를   적진 한가운데 꽂겠노라.
그대들이 이 군기를   어떻게 지켜 내는지 보겠노라.
전사께서 소리치시네,   *-나가지 마라, 제발!*
뻬르 베르무데스가 대답하네,   *-이미 늦었나이다.*
말에 박차를 가해   적진 속으로 뛰어드네.
모로 인들이   군기를 빼앗으러 달려드네.
무섭게 칼을 휘둘러 댔지만   그를 어쩌지 못하네.
전사께서 명령하시네,   *-베르무데스를 구하라!*

35

모두 방패로   가슴을 가리고

창을 비껴드네,　　깃발 달린 창을.
머리는　　말안장 위로 숙이고,
용감하게　　달려 나가네.
좋은 시절에 태어나신 이께서　　큰 소리로 외치시네.
-쳐라, 기사들이여,　　주님의 가호가 있기를!
내가 바로 루이 디아스 엘 시드,　　비바르의 전사니라!
모두 한데 뒤엉켜 싸우네,　　뻬르 베르무데스를 사이에 두고.
깃발 달린 창이　　모두 삼백 개라네.
한 번 찌르자　　삼백 명의 모로 인들이 죽었다네.
한 번 더 찌르자　　또 그 만큼 죽었다네.

36

아래위로　　저토록 많은 창들이 번뜩이는 걸 보시라!
저 많은 방패들은　　다 부숴지고
저 많은 갑옷들도　　모두 찢어졌네.
흰 깃발들은　　피에 젖어 진홍빛으로 변했고
저 훌륭한 말들은　　주인을 잃고 헤매고 있구나.
모로 인들은 마호멧을 외치고,　　기독교도들은 야곱을 외치네.
저 벌판,　　저 좁은 벌판에 누워 있네.
모로 병사　　천 삼백 명이 죽은 채로.

37

얼마나 눈부시게 싸웠던가,　　그대 황금 빛 안장 위에서!

우리의 시드 루이 디아스,　　위대한 전사여!
미나야 알바르 파네스,　　수리따의 영주여!
마르띤 안똘리네스,　　용감한 부르고스 인이여!
무뇨스 구스띠오스,　　어릴 적부터 시드를 섬겨 온 이여!
마르띤 무뇨스,　　몬떼 마요르의 영주여!
알바로 알바레스와　　알바로 살바도레스여!
갈린도 가르시아,　　충성스런 아라곤 인이여!
펠릭스 무뇨스,　　전사의 조카여!
이 모든 기사들이　　앞장 서 달려 나가
군기를 지켜 내고　　전사 시드를 호위하네.

38

적들이 미나야 알바르 파네스의　　말을 죽였다네.
그러나 시드의 병사들이 달려가　　그를 구하네.
미나야는 창이 부러지자,　　칼을 빼어 드네.
두 발로 우뚝 서　　무섭게 칼을 휘두르네.
시드께서 이를 보셨다네,　　저 까스띠야의 루이 디아스께서.
그러자 멋진 말을 타고 있는　　모로 대장에게 돌진해
오른 손에 든 칼로　　인정사정없이 한 칼에 베어 버리시네.
허리가 두 동강나　　들판 한가운데에 나뒹구네.
미나야 알바르 파네스에게 가　　말을 건네주시네.
-말에 오르라, 미나야,　　내 오른 팔이여!
오늘은　　자네의 도움이 크게 필요하네.
모로인들이 막강해　　아직도 이 벌판에서 쫓아내지 못하고 있네.
다시 한 번 더　　세게 쳐야겠어.

미나야는 다시 말에 뛰어올라   칼을 움켜쥐네.
적진에 뛰어 들어   용감히 싸우네.
대항하는 자들은   모두 저승 고혼이 되었다네.
우리의 시드 루이 디아스,   좋은 시기에 태어나신 이께서는
파리스 영주에게 달려들어   세 번씩이나 내려치셨네.
두 번은 빗맞았지만   세 번째는 정확히 꽂혔다네.
갑옷 위로   피가 솟구치네.
그러자 말머리를 돌려   달아나기 시작하네.
그 한 방으로   모로 군은 대패했다네.

39

마르띤 안똘리네스가   갈베에 일격을 가하자
투구에 달린 루비 장식이   떨어져 나가고,
투구는 두 동강이 나며   허연 살이 드러나네.
알아두시라, 갈베는   감히 더 싸울 기력을 잃었다는 것을.
이로써 파리스와 갈베 두 영주는   패해 달아나네.
기독교도들에겐   얼마나 대단한 날인가.
모로 족이 사방으로 흩어져   도망을 쳤으니!
시드의 병사들은   뒤를 좇아 추격하네.
파리스는   떼레르로 달아나 숨었지만,
갈베는   받아 주지 않았다네.
그러자 깔라따윳으로 갔다네,   최대한 빨리 달려서.
우리의 전사께선   그를 좇아
깔라따윳까지   가셨다네.

40

미나야 알바르 파네스는　　쏜살같이 말을 달려
저 모로 인들　　서른네 명을 죽였다네.
저 시퍼렇게 날선 칼로　　팔이 온통 붉게 물들었네.
진홍빛 피가 팔꿈치를 타고　　뚝뚝 떨어지네.
미나야가 외치네.　　*-이제야 만족스럽도다.*
까스띠야로　　좋은 소식이 날아가겠군.
우리의 시드 루이 디아스께서　　승리하셨다는 소식이.
모로 인들은 대부분 다 죽고　　일부만이 살아서 도망쳤다네.
뒤를 쫓아갔던 시드의 병사들이　　승리를 거두고
돌아오네,　　좋은 시기에 태어나신 이의 병사들이.
시드께서도 돌아오시네,　　멋진 말을 타고.
너울진 속 모자를 쓰고,　　오 주여, 수염은 또 얼마나 멋지신가!
쇠 그물 두건은 뒤로 젖히고,[13]　　칼을 든 채 오고 계시네.
병사들이 주위로 몰려들자　　다음과 같이 외치시네.
-하늘에 계신　　주님께 감사드리자.
이 치열한 전투를　　승리로 이끌어 주셨으니 말이야.
시드의 병사들은　　모로 왕의 군막을 노획하네.
칼과 방패,　　값진 물건들을 모두 챙기네.
모로 인들의 말을　　모두 모으자
오백열 마리에　　달했다네.
기독교도들은　　크게 기뻐하네.
그들은 단지 열다섯 명만을　　잃었다네.

---

13) 역자 주: 중세의 기사들은 일반적으로 머리를 보호하기 위해 투구(yelmo) 속에 쇠 그물로 엮은 두건(almófar)을 쓰고, 다시 적의 공격 시 충격을 흡수하고 쇠 그물 조각이 머리에 박히지 않도록 두툼한 솜이나 천 등을 넣은 속 모자(cofia)를 썼다.

거두어온 금은보화는　　일일이 다 셀 수조차 없다네.
기독교도들은　　다시 큰 부자가 되었다네.
이번 전투에서 얻은　　이 많은 전리품으로 인해.
모로 인들을 성안으로　　다시 받아들이네.
우리의 시드께선 그들에게도　　재산을 나눠 주라 명하시네.
시드께선 크게 기뻐하시네,　　그의 모든 병사들도.
이 많은 돈과　　재산을 나누라 명하시네.
시드의 몫은　　말 백 마리라네.
주여, 모든 부하들에게　　얼마나 후하게 나눠주시는지.
병졸이든　　기사든 가리지 않으시고!
좋은 시절에 태어나신 이께선　　만족하시네.
자신을 따라온 병사들이 모두 다　　잘 보상받았기 때문이라네.
-미나야, 잘 듣게.　　자넨 내 오른팔일세!
주께서 내리신　　이 전리품들 중에서
자네 마음대로　　골라 갖게.
그리고 난 자넬　　까스띠야로 보내려 하네.
우리가 이 전투에서　　승리했다는 소식과 함께
내게 분노한　　알폰소 전하께
선물로 말 서른 필을　　보내고 싶네.
모두 훌륭한 안장과　　재갈을 채우고
안장들에는　　한 자루씩 칼을 달아서 말이야.
미나야 알바르 파네스가 대답하네.　　*-기꺼이 그리하겠나이다.*

41

-여기 금은보화가　　가득 있네.
자루에 담게,　　위까지 꽉 차도록 말이야.

산따 마리아 대성당으로 가　　수 천 번의 미사를 올리게.
남는 것은　　내 아내와 자식들에게 주게.
밤낮을 가리지 않고　　나를 위해 기도하고 있을 걸세.
내가 살아남는다면,　　모두 고귀한 부인이 될 걸세.

42

미나야 알바르 파녜스는　　이에 매우 만족하네.
그와 함께 갈　　병사들이 선발되네.
말에게 먹이를 주네.　　이미 밤이 깊었다네.
우리의 시드 루이 디아스께서는　　동료들과 대책을 논의하시네.

43

-미나야,　　지금 까스띠야로 떠나는가?
친구들에게　　안부 전해 주게.
주께서 굽어 살피시어,　　우린 전쟁에서 이겼노라고.
자네가 돌아올 때까지　　우리가 여기 있다면 다행이네만,
그렇지 않으면, 자넨 잘 알테니　　우리가 있는 곳으로 찾아오게.
칼과 창으로　　우린 스스로를 잘 지켜 낼 걸세.
그렇지 않으면 이 척박한 땅에서　　살아남을 수가 없지.
내 생각엔,　　우린 곧 여길 떠나야만 하네.

44

준비를 마치자 　　미나야는 새벽에 떠나네.
우리의 전사께선 　　병사들과 남아 계시네.
땅은 척박하고 　　황량하다네.
매일매일 　　시드를 정탐하네,
국경 지대의 모로 인들과 　　이방인들이.
파리스 영주가 건강을 되찾자 　　시드와 거래를 하네.
떼까 인들과 　　이웃의 떼레르 인들,
아름다운 도시인 　　깔라따윳의 주민들은
시드와 협상해 　　문서로 합의하네.
알꼬세르를 　　은화 삼천 마르꼬에 팔기로 했다네.

45

우리의 시드 루이 디아스께선 　　알꼬세르를 파셨다네.
그의 부하들에게 　　이 얼마나 좋은 보답인가!
기사든 병졸이든 　　모두 부자가 되었다네.
그대들은 그 중 불만 있는 자는 　　단 한 명도 찾을 수 없으리라.
이 훌륭한 주군을 섬기는 자는 　　평생 부유하게 지내리라.

46

시드께서 　　성을 떠나시려 하자,

모로인들이 달려와 탄식 하네.
-떠나시다니요, 시드시여, 우리의 기도가 늘 장군과 함께 하길 비나이다!
우리 모두 그간 베풀어주신 아량에 깊이 감사드리나이다.
우리 비바르의 시드께서 알꼬세르를 떠나실 때
모로인들이 모두 흐느껴 우네.
군기를 치켜들고 우리의 전사께서 떠나가시네.
할론 강을 건너 말을 달려 나아가시네.
강을 건너실 때 새들이 좋은 징조를 보여주었네.
떼레르 인들과 깔라따윳 인들에겐 다행이지만
알꼬세르 인들에겐 슬픈 일이라네, 그들은 시드 덕에 안전했었으니까.
시드께선 말을 재촉해 더 앞으로 나아가시네.
몬레알 위에 있는 구릉에 진을 치시네.
구릉은 높고 아름답다네.
알아두시라, 어느 곳으로든 기습당할 염려는 없다네.
제일 먼저 다로까에서 공물을 바쳐 오네.
뒤이어 맞은 편에 있는 몰리나에서도 보내오고
저 멀리 떼루엘에서도 공물을 보내오네.
시드께서는 까날이라고도 불리는 셀야를 점령하셨네.

47

우리의 시드 루이 디아스께 신의 은총이 내리시길!
알바르 파녜스 미나야가 까스띠야에 도착했다네.
서른 필의 말을 전하께 선물로 바치네.
전하께선 이를 보자 입이 헤벌어지네.
-이것들은 누가 보내는 것인가? 미나야여, 신의 가호가 있기를!

-시드 루이 디아스,　　좋은 시기에 칼을 차신 이옵니다.
전하께서 추방하시자,　　알꼬세르로 가 점령했나이다.
발렌시아 왕에게　　그 소식이 전해지자
그를 포위하고　　물길을 끊었나이다.
그러나 시드는 성을 나와　　들판에서 싸웠나이다.
그 전투에서　　두 모로 영주를 물리치고
막대한 전리품을　　노획 했나이다, 전하.
해서 어지신 전하께　　이 선물들을 바치는 것이옵니다.
또한 전하의 두 발과　　손에 입을 맞추나이다.
청컨데 그에게 자비를 베푸시옵소서.　　주께서 굽어 살피시길!
알폰소 전하께서 대답하시네.　　*-너무 이르도다.*
주군의 분노를 사　　신임을 잃은 자를
삼 주 만에　　다시 받아들이는 건 안 될 말이로다.
그러나 모로인들로부터 빼앗은 것이라면　　이 선물들은 받겠노라.
시드가 전리품을　　그토록 많이 얻었다니 기쁘도다.
그리고 미나야여,　　그대의 죄를 사하고,
몰수했던　　명예와 재산을 되돌려 주겠노라.
짐이 윤허하노니,　　이 땅을 자유롭게 왕래해도 좋다.
그러나 전사 시드에 대해선　　해줄 말이 아무 것도 없도다.

48

이 밖에도, 알바르 파네스여,　　그대에게 말하건데,
이 왕국에서　　어느 누구든
훌륭하고 용감한 자라도　　시드를 따라가길 원한다면

그리해도 좋으며,　　재산도 몰수하지 않겠노라.
미나야 알바르 파네스는　　전하의 손에 입을 맞추네.
-황공하옵니다, 전하,　　저의 주군이시여,
지금은 이것만 윤허하셨지만,　　곧 다른 것도 그리해 주옵소서.
그리해 주시도록　　소신들은 최선을 다하겠나이다.
전하께서 대답하시네,　　***-미나야여, 그에 대해선 더 이상 얘기하지 말라.***
이젠 까스띠야를　　자유롭게 떠나도 좋다.
아무도 막지 않을 것이니　　시드를 찾아가도 좋다.

49

자, 여기서 다시 시드께로 돌아가 봅시다,　　좋은 시기에 칼을 차신 이께로.
저 엘 뽀요에　　시드의 군대는 진을 치고 있다네.
회교도든 기독교도든　　이 땅에 사람이 살고 있는 한
이 곳은 엘 뽀요 델 시드라　　불리리라.
우리의 시드께선 거기 머물며　　많은 주변 마을을 정복하시네.
마르띤 강 유역 전역이　　그에게 공물을 바쳐오네.
이 소식이　　사라고사에 전해졌다네.
모로 인들는 분하고　　비통해 한다네.
시드께선 거기에　　십오 주 동안 머물러 계셨다네.
미나야가　　늦자
병사들을 거느리고　　한 밤중에 행군을 시작하시네.
엘 뽀요를　　뒤로하고
로드리고께선　　저 멀리 떼루엘로 진군하시네.
엘 삐나르 데 떼바르에서　　야영을 하시네.
이 곳 전역을　　휩쓸자

사라고사도　　공물을 바쳐오네.
그로부터　　삼 주 후
까스띠야에서　　미나야가 돌아왔다네.
이백 명의 기병을 데려 왔다네,　　모두 칼을 차고 왔다네.
알아두시라,　　걸어서 온 자들은 일일이 다 셀 수조차 없다는 것을.
우리의 시드께선　　미나야가 오는 것을 보시자
말을 타고 달려가　　두 팔로 끌어안으시네.
시드께선 얼굴과　　두 눈에 입을 맞추시네.
미나야는 그에게　　그 간의 일을 모두 보고드리네.
전사께선 기뻐　　미소를 지으시네.
-주님과　　성자들 덕분일세.
자네가 있는 한　　난 다 잘 풀릴 걸세, 미나야!

50

주여, 이 모든 병사들이　　얼마나 기뻐하던가!
미나야 알바르 파네스가　　돌아와
형제자매의　　소식을 전해주고
두고 온　　부인들의 안부를 전해주었으니!

51

주여, 얼마나 기뻐하시던가,　　멋진 수염을 기르신 이께서도!
알바르 파네스가　　수 천 번의 미사를 드리고
아내와 두 딸의　　안부를 전해주었니!

오 주여, 얼마나 뿌듯하고,　　얼마나 기쁘던가!
-자, 알바르 파네스여,　　만수무강하게!
자넨 대단하네,　　대단한 일을 했어!

52

좋은 시기에 태어나신 이께선　　지체하지 않고
이백 명의 기병을　　손수 거느리시고
밤 새　　말을 달리시네.
알까니스를　　점령하고
그 일대를　　휩쓴 후,
삼 일째 되는 날,　　되돌아 오셨다네.

53

소문이 삽시간에　　그 일대에 퍼졌다네.
몬손과 우에스까 인들은　　침통하다네.
사라고사가　　기꺼이 공물을 바쳤으니까.
그래야만 우리 시드 루이 디아스의　　응징을 피할 수 있기 때문이라네.

54

전리품들을 모아　　진지로 돌아오네.
모두 기뻐하네,　　막대한 전리품에.

시드께서도　　알바르 파네스도.
전사께선 웃으며　　기쁨을 감추지 못하시네.
-기사들이여,　　내 자네들에게 진심을 말하겠네.
한 곳에 오래 머물면　　궁해지게 마련이라네.
해서 내일 아침　　여길 떠날 생각이네.
이 진지를 버리고　　더 앞으로 나가세.
시드께선 진영을　　올로까우 언덕으로 옮기시네.
거기서 말을 달려　　우에스까와 몬딸반까지 나가셨네.
그렇게 달려가는데　　열흘이 걸렸다네.
그러자 그 소식이　　전 지역으로 퍼졌다네.
까스띠야의 추방자가　　다가오고 있다는 소식이.

55

그 소문이　　사방으로 퍼져 나갔다네.
이 새로운 소식이　　바르셀로나 백작에게도 들어갔네.
시드 루이 디아스가　　자신의 영지를 휩쓸고 다닌다는 소식이.
백작은 화가 치밀어 오르고　　큰 모욕감을 느꼈다네.

56

이에 허풍쟁이 백작은　　큰소리치네.
-비바르의 시드란 자가　　나를 심히 모욕하고 있도다.
내 궁정에까지　　모욕을 가하고 있도다.

내 조카를 부상시키고도　아직 죄 값을 치르지 않았는데,
이젠 내 영지를 휘젓고 다니다니,　내 보호 하에 있는 영지를.
내 먼저 그 자에게 싸움을 걸지도,　친선을 깨지도 않았는데
그 자가 먼저 내게 도전해 왔으니　대가를 치르게 할 것이로다.
많은 군대가　급히 소집되네.
많은 모로 인들과 기독교도들이　모여들어
시드를 뒤쫓네,　저 비바르의 훌륭하신 이를.
삼일 낮 이틀 밤 동안　쉬지 않고 걸어
드디어 시드를 찾았다네,　엘 삐나르 데 떼바르에서.
백작의 군대는 사기가 충천해　그를 다 잡았다고 생각하네.
우리의 시드 로드리고께선　전 재산을 모두 끌고
산에서 내려와　계곡에 진을 치셨네.
저 라몬 백작으로부터　전령이 왔네.
시드께선 전갈을 듣고　답을 보내시네.
-백작께 전해 주게,　이건 내 본심이 아니라고.
아무 것도 그의 것에 손대지 않을 테니,　나를 그냥 지나가게 해 달라고 말이야.
이에 백작이 전하길,　*-그건 사실이 아니다.*
이전에 했던 짓과 지금하고 있는 짓,　모두 내게 그 대가를 치러야 할 것이다.
저 추방자는 곧 알게 될 것이다,　제깟 놈이 감히 누굴 모욕했는지.
전령은 황급히　돌아가네.
우리 비바르의 시드께선　이를 전해 듣자
싸우지 않고는　넘어갈 수 없다고 생각하시네.

57

-기사들이여,　전리품들은 잘 치워둬라!
즉시 칼을 들고　갑옷을 차려 입어라!

라몬 백작이　　공격해 올 것이다.
그는 회교도와 기독교도,　　많은 군대를 이끌고 왔다.
전쟁을 치르지 않고는　　우리를 그냥 두지 않을 것 같다.
우리가 그냥 가도 계속 뒤 쫓아올 테니,　　차라리 여기서 결판을 내자.
마구를 단단히 조이고,　　무기들을 잘 챙겨라.
저들은 언덕 아래에서 올 것이며,　　모두 양말만 신고 있다.
안장은 조잡하고,　　배대끈도 느슨하다.
반면에 우린 갈리시아식 안장을 쓰고 있고,　　양말 위에 군화도 신고 있도다.
우린 백 명만 갖고도　　저 군대를 물리칠 수 있다.
들판에 들어오기 전에　　창 맛을 보여주자.
그대들 한 명이 부상당하면　　저들은 말안장 세 개가 주인을 잃게 하라.
라몬 베렝게르는 알게 될 것이로다,　　감히 누구와 전투를 벌여
오늘 이 삐나르 데 떼바르에서　　전리품을 빼앗으려 했는지를.

58

시드의 연설이 끝나자,　　모든 게 준비되었네.
모두 무기를 손에 쥐고　　말 위에 오르네.
저 언덕 아래로　　프랑크군이[14] 몰려오는 게 보이네.
언덕 저 끝,　　벌판이 시작되는 곳에서
시드께서 호령하고 계시네,　　좋은 시기에 태어나신 이께서.
그의 군대는 싸우네,　　용감히 그리고 기꺼이.
깃대와 창들을　　기민하게 휘둘러

14) 역자 주: 바르셀로나 백작령은 본래 8세기에 프랑크 왕국의 샤를마뉴가 모로인들의 북상을 저지할 목적으로 세운 백작령이었다. 이 당시(11세기)에는 이미 프랑크 왕국과의 교류도 뜸해져 독자적으로 운영되고 있었고 간간히 재정복 전쟁에도 참여했지만 스페인인들의 입장에서는 여전히 이방인인 프랑크인이었던 것이다.

적들을 부상시키고   말에서 떨어뜨리네.
좋은 시기에 태어나신 이께선   전투에서 이겨
라몬 백작을   포로로 사로 잡으셨다네.
그리고 명검 꼴라다,   천 마르꼬 가치도 더 나가는 저 유명한 검도 노획하셨다네.

59

이 전투에서 이겨   그의 수염이 한층 드높아졌다네.
백작을 포로로 잡아   군막으로 끌고 오시네.
믿음직한 부하들에게   잘 감시하라 명하시네.
군막에서 나와   병사들을 불러 모으시네.
여기저기서   병사들이 모여드네.
시드께선 막대한 전리품을 얻게 돼서   크게 기뻐하시네.
우리의 시드 로드리고께   병사들이 진수성찬을 차려 바치네.
그러나 백작은   거들떠보지도 않네.
음식을 떠   그 앞에 놓아주었지만,
먹을 생각도 않고   모두 무시해 버리네.
-나는 단 한 입도 먹지 않을 것이다,   이 스페인 땅에 있는 것은.
난 먼저 육신을 버리고   영혼도 포기할 것이다.
이따위 누더기를 걸친 자들에게   패했으니.

60

시드 루이 디아스,   그 분께서 하신 말씀을 들어 보시라.

-이 빵 좀 드시오,　　이 포도주도요.
내 말을 들으시면　　그대를 풀어드리리다.
그렇지 않으면 평생　　주님의 백성들을 보지 못하시게 될 거외다.

61

-로드리고, 자네나 많이 먹고　　많이 즐기시게.
난 이대로 굶어 죽을 걸세,　　아무 것도 먹고 싶지 않네.
삼 일 동안이나　　그를 설득하지 못하셨다네.
시드의 병사들이　　전리품을 나누는 동안엔
빵 한 조각　　입에 대지 않았다네.

62

시드께서 말씀하시길,　　*-뭐라도 좀 드세요.*
1033b *아무것도 들지 않으시면　　다시는 기독교도들을 보지 못하시게 될 거외다.*
뭘 좀 드시면　　그댈 풀어드리리다.
백작님, 그대와　　그대의 두 아드님까지도.
1035b *만약 드시지 않으면,　　다신 기독교도들을 보지 못하실 겁니다.*
백작은 이 말을 듣자　　기뻐하네.
-시드여, 자네 말대로,　　그리해 준다면
내 살아있는 동안　　자네 덕을 칭송하겠네.
-그러니 드세요 백작님,　　다 드시면
그대와 두 아드님을　　풀어드리리다.
그러나 그대가 잃었고　　내가 전장에서 얻은 것들은

알아두세요, 단 한 푼도　　돌려 드리진 않겠소이다.
누더기를 걸치고 나를 따르는　　저들에게 필요하기 때문입니다.
그대와 다른 군주들에게 빼앗아　　살아가고 있답니다.
우린 이렇게 살아가야 합니다,　　주님께서 원하시는 한은.
왕의 분노를 사　　추방당한 자가 살아야 하는 삶이지요.
백작은 기뻐하며　　손 씻을 물을 달라하네.
곁에 있던 병사들이　　즉시 대령하네.
백작은 시드께서 풀어주기로 약속하신　　두 아들과
식사를 하네.　　주여, 얼마나 맛있게 먹던지!
그의 곁에　　좋은 시기에 태어나신 이께서 앉아 계시네.
-백작님, 제 맘에 들게　　드시지 않으면,
우린 헤어지지 않고 남아　　계속 함께 있게 될 겁니다.
이에 백작이 대답하네.　　*-기꺼이 그리하겠네.*
두 아들과 함께　　급히 밥을 먹네.
이를 지켜보며　　시드는 기뻐하네.
라몬 백작이　　얼마나 손을 빨리 움직이는지!
-시드여, 자네에게 감사하네.　　우린 준비 다 됐네.
말을 가져 오라 이르게.　　곧 떠나겠네.
백작이 된 이후로　　이렇게 맛있게 먹어보긴 처음일세.
그 맛은　　내 못 잊을 걸세.
그들에게 멋지게 치장된　　말 세 필을 건네주네.
화려한 안장에　　모피 외투와 망토를 갖췄다네.
라몬 백작은　　두 아들을 양옆에 대동하고 가네.
시드께서는 진지 밖까지 나가　　작별을 고하시네.
-안녕히 가십시오,　　백작님.
여기 두고 가시는 것들은　　감사히 받겠습니다.
억울한 생각이 드시면　　복수하러 오십시오.
다음 번 찾아오실 땐　　먼저 기별을 주십시오.
그래야 제가 더 많은 전리품을 챙기든,　　제 것을 가져가시든 하지요.

-진정하시게 시드여,　　자넨 안전할 걸세.
난 이미 자네에게　　올해 치 공물을 바치지 않았는가.
다시 자네 뒤를 쫓는 건　　생각지도 않고 있다네.

63

백작은 박차를 가해　　달리기 시작하네.
고개를 돌려　　자꾸 뒤를 돌아보네.
시드가 후회할까봐　　걱정하기 때문이라네.
그러나 시드께선 그리하지 않으시네,　　세상에선 흔한 일이지만.
그는 절대로　　배신을 하지 않으신다네.
그렇게 백작은 떠나갔고,　　우리 비바르의 시드께선 진지로 돌아오시네.
병사들을 모아　　그들과 기쁨을 나누시네.
노획한 전리품이　　어마어마하고 굉장하다네.
모두 너무 부자가 되어　　얼마나 벌었는지도 모를 지경이라네.

1편 끝

2

두 번째 노래

결혼의 노래

두 번째 노래

결혼의 노래

64

1085 여기서 노래가 다시 시작되네,   우리 비바르의 시드 노래가.
1087 우리의 시드께선 주민들을 이주시키시네,   올로까우 언덕으로.
그리곤 사라고사와   그 일대를 떠나시네.
우에스까와   몬딸반을 뒤로 한 채
1090 바다를 향해   싸우며 나가시네.
해 뜨는 동쪽으로,   동쪽으로 전진하시네.
시드께선 헤리까를 얻고   온다와 알메나라를 정복하셨네.
또한 부리아나와   그 일대도 점령하셨다네.

65

주께서 그 분을 도우시네,   하늘에 계신 주님께서.
1095 주님의 가호로   무르비에드로를 정복하셨다네.
시드께선 잘 알고 계시다네,   이는 주께서 도우셨기 때문이라는 것을.
발렌시아에선   공포가 번지고 있다네.

66

발렌시아 인들은 근심에 휩싸였네,   알아두시라. 그들에겐 결코 달가운 소식이 아니라는 것을.
그들은 회의를 열어   나가서 그를 포위하기로 했네.
밤새 걸어   아침이 밝아 올 때쯤
무르비에드로 인근에   진영을 구축했네.
시드께선 이를 보자   경탄하셨다네.
-주님께,   감사 드려야겠군!
우린 저들 땅에 있고   저들에게 가능한 한 타격을 가할 것이다.
저들의 포도주를 마시고   저들의 빵을 먹을 것이다.
저들이 우릴 포위한 건   당연한 일이다.
싸우지 않고는   달리 해결책이 없을 것 같다.
전령을 보내라,   우릴 도울 자들에게.
몇 명은 헤리까로,   몇 명은 올로까우로 보내라.
거기서 다시 온다와   알메나라로도 보내도록 하라.
부리아나 인들에게   곧 이리로 오라 이르라.
우린 곧   전투를 시작할 것이다.
확신컨데 그들 모두   전력에 큰 보탬이 될 것이로다.
삼 일째 되는 날,   모두 모였다네.
좋은 시기에 태어나신 이께서   연설을 하시네.
-잘 들어라, 병사들아,   주께서 너희들을 굽어살피시리라!
우리가 주님의 땅을   떠나온 이후로
-내켜서 떠나온 것도 아니고   어쩔 수 없는 일이었지만-
주님 덕에   우리 재산은 늘어났도다.
발렌시아 인들이   우릴 포위했다.
우리가 이 땅에서   계속 살아남으려면
단호하게   저들을 응징해야 한다.

67

이 밤이 지나고 아침이 밝아 오면,
모두 말과 무기를 준비하라.
우린 나가 저들과 싸울 것이다.
우린 모두 추방당해 낯선 땅에 와 있지만,
이제 곧 알게 될 것이다, 공물을 받을 사람이 누구인지를.

68

들어 보시라, 미나야 알바르 파네스가 무슨 말을 했는지.
-전사시여, 제가 형님을 기쁘게 해 드리리다.
제게 기병 백 명만 주십시오, 더도 필요 없습니다.
형님께선 나머지를 이끌고 선봉에 서십시오.
저들을 힘껏 주저 말고 몰아치십시오.
저는 백 명을 데리고 옆구리를 치겠습니다.
주님께 맹세코 우리가 이길 겁니다.
이렇게 말하자 전사께서도 기뻐하시네.
새벽이 되자 싸울 준비를 하네.
병사들 모두 각자 할 일을 잘 알고 있다네.
날이 밝자 시드께선 공격을 시작하시네.
-주님과 성 야곱의 이름으로,
쳐라, 병사들이여, 최선을 다하라.
내가 바로 로드리고 디아스, 비바르의 시드니라!
얼마나 많은 군막 줄들이 끊어지는 지 보시라.

말뚝들은 뽑혀 나가고,   군막 기둥들은 여기저기 나뒹구네.
모로 인들은 많은 수로   재차 공격해 오네.
그러나 옆쪽에서   알바르 파네스가 공격해 들어오자
1145 어쩔 수 없이   퇴각할 수밖에 없다네.
1151 말발굽으로부터   도망칠 수 있는 자들은 모두 달아나네.
1147 그 뒤를 추격해   모로 영주 둘을 죽였다네.
그들은 쫓아   발렌시아 성문 앞까지 갔다네.
시드께서 얻으신 전리품은   어마어마했다네.
1152 모두 전장을 수습해   돌아오네.
1153 무르비에드로로 돌아온다네,   저 막대한 전리품을 끌고.
1146 커다란 기쁨이   온 도시로 울려 퍼지네.
1150 세보야[15]와   앞에 남아 있는 마을들을 모두 점령하네.
1155 발렌시아는 공포에 사로잡혀   어찌할 바를 모르고 있다네.
1154 시드의 명성이,   알아두시라, 날로 커 가고 있다는 것을.

69

1156 그의 드높은 명성이   바다 저 멀리까지 울려 퍼지고 있다네.
시드와   모든 병사들은 기뻐하네.
주께서 굽어 살피시어   승리했기 때문이라네.
그의 기병들은   밤새 달려
1160 꾸예라와   하띠바에 닿았다네.
거기서 더 내려가   데니아까지 전진하네.
바닷가까지 모로 인 마을을   모조리 휩쓸고

---

15) 역자 주: 현 뿌익 (Puig). 발렌시아 북쪽 인근의 해안 마을.

빼냐 까디에야[16]와　　그 일대를 점령했다네.

70

전사 시드께서　　빼냐 까디에야를 점령하시자
하띠바와　　꾸에라는 비탄에 잠겼다네.
발렌시아의 고통 또한　　감출 수 없다네.

71

모로 인들의 마을을 공격해　　전리품들을 모으고
낮에는 자고　　밤이면 행군을 계속해
시드께서 저 모든 마을들을 점령하시는 데　　삼 년이 걸렸다네.

72

발렌시아 인들을　　응징하시네.
그들은 감히 나오지도 못하고　　그에 맞서지도 못하네.
시드께서는 들판을 휩쓸어　　커다란 고통을 안겨 주셨네.
시드께서는 몇 년간　　추수를 못하게 막으셨다네.

---

16) 역자 주: 현 베니까델 (Benicadell). 발렌시아와 알리깐떼 지방의 경계 지역에 위치해 있는 마을.

발렌시아 인들의 고통은 가중됐으나　어쩔 도리가 없다네.
어느 곳으로부터도　빵을 얻지 못하기 때문이라네.
부모는 자식들을 먹이지 못하고,　자식들 또한 부모를 봉양하지 못하고 있네.
친구들끼리도　서로 위로조차 못하고 있네.
가장 큰 고통은, 만장하신 여러분,　먹을 게 없어
자식들과 마누라가　굶어 죽어 가는 걸 바라보는 거라네!
고통은 점점 더 커져 갔으나　달리 방도가 없다네.
모로코 왕에게　원조를 요청했으나
그 또한 몬떼스 끌라로스[17] 인들과　전쟁 중이어서
원군을 보낼 수도　구하러 올 수도 없다고 하네.
시드께선 이 사실을 알자　매우 기뻐하시네.
무르비에드로에서 나와　밤새 말을 달리시네.
시드께서 아침을 맞으시네,　몬 레알에서.
아라곤과 나바라로　전령을 띄우시네.
까스띠야로도　방을 보내시네.
-가난의 고통을 벗어 던지고　부자가 되고픈 자는 누구든[18]
말을 달려　나 시드에게로 오라.
발렌시아를 점령해　그대 기독교도들에게 바치려 하노라.

73

나와 함께 나가　발렌시아를 포위코자 하는 자는
모두 오라,　강요하지는 않겠노라.

---

17) 역자 주: 북 아프리카의 아뜰라스 (Atlas).
18) 역자 주: 원문 중 1189-1191행까지는 간접화법으로 되어 있으나, 1192행 이하와의 문맥을 자연스럽게 잇도록 직접화법으로 바꿔 번역하였다.

삼 일 간   까날 데 세야에서 기다리겠노라.

74

우리의 충성스러운 전사 시드께선   이렇게 포고하시곤
무르비에드로로 돌아오셨다네,   자신의 손으로 점령한 도시로.
방은 퍼져 나갔네,   알아두시라, 방방곡곡으로 퍼져 나갔다네.
전리품에 구미가 당겨   모두 지체 없이 모여드네.
수많은 사람들이 모여들었다네,   전국 방방곡곡에서.
군대가 점점 불어나고 있다네,   비바르의 시드께로.
군대가 다 모인 것을 보자   무척 만족해하시네.
우리의 시드 로드리고께선   지체 없이
발렌시아로 달려가   공격하시네.
시드의 포위는 완벽해   한 점의 빈틈도 없다네.
발렌시아 인들을 나가지도   들어가지도 못하게 되었다네.
이 소식이   사방으로 퍼져나갔네.
더 많은 병사들이 시드께로 왔다네,   알아두시라, 그에게서 떠난 사람은 단 한명도 없다는 것을.
발렌시아에 마지막 말미를 줬다네,   혹시 누군가 그들은 도우러 올까 봐.
알아두시라, 아홉 달 동안이나,   포위하고 있었다는 것을.
열 번째 달이 되자   드디어 항복했다네.
사방에서   환호성이 울려 퍼지네.
시드께서 발렌시아를 점령해   입성하셨으니.
전에는 걷던 자들이   이제는 말을 타게 되었다네.
금은보화,   그걸 누가 일일이 다 셀 수 있겠는가?
거기 있던 사람들 모두   큰 부자가 되었다네.

우리의 시드 로드리고께선 　 오분의 일를 떼어 놓으라 명하시네.
주화로는 　 삼만 마르꼬가 그의 몫이라네.
다른 재산들은 　 어떻게 일일이 다 헤아릴 수 있겠는가?
전사께선 함께 한 모든 이들과 　 기쁨을 나누시네.
자신의 군기가 　 가장 높은 성루에 휘날리는 걸 바라보시면서.

75

우리의 시드께선 부하들과 함께 　 휴식을 취하시네.
저 세비야의 왕에게 　 이 소식이 전해졌다네.[19)]
발렌시아가 스스로 지킬 수 없어 　 함락되었다는 소식이.
그러자 그는 삼만 명의 병력을 이끌고 　 즉시 달려간다네.
벌판에서 　 큰 전투가 벌어졌네.
시드께선 그들을 무찔러 버리셨다네, 　 수염을 길게 기르신 이께서.
하띠바까지 　 추격해 들어가셨네.
후까르 강을 건널 때 　 저들이 얼마나 지리멸렬한 모습이었는지 보시라.
모로 인들은 여울을 거슬러 건너다 　 허우적거리며 물을 먹었다네.
저 세비야의 왕은 　 세 군데나 부상을 입고 도망쳤다네.
시드께선 전리품을 　 모두 거두어 돌아오시네.
발렌시아라는 대도시를 점령한 건 　 정말 대단한 일이라네.
알아두시라, 이 번 승리는 　 훨씬 더 짭짤했다는 것을.

---

19) 역자 주: 노래 첫 부분에서는 오히려 시드가 세비야의 알무따미스 왕을 도와 그라나다의 왕과 싸우는 장면이 나온다. 두 사람은 인종이나 종교적인 차이를 떠나 인간적으로 서로 신뢰하고 존경하는 관계였다. 이러한 두 사람이 맞섰다는 것은 필사자의 착오인 듯 보인다. 그러나 이 기록이 맞는다면 당시 세비야의 왕은 알폰소 왕에게 공물을 바치는 입장이었고 시드는 알폰소 왕으로부터 추방되어 아직 용서받지 못한 몸이므로 둘 사이의 이러한 정치적 역학 관계 때문으로 이해하고 읽으면 될 것이다.

최하 병졸들 모두에게까지　　은화 백 마르꼬씩 돌아갔으니,
기사들의 재산은　　얼마나 더 늘었을 지 상상해 보시라.

76

기독교도들은　　대단히 기뻐하네.
우리의 시드 루이 디아스,　　좋은 시기에 태어나신 이와 함께.
그 사이 수염이 자라　　무척 길어졌다네.
시드께서는 자기 수염에 대해　　이렇게 말씀했다네.
-나를 추방하신　　알폰소 전하에 대한 경의의 표시로
절대 가위를 대지 않을 것이며,　　단 한 올도 자르지 않겠노라.
그리고 회교도든 기독교도든,　　모두 이에 대해 말하길 바라노라.
우리의 시드 돈 로드리고께선　　발렌시아에서 휴식을 취하시네.
그의 곁엔 늘 미나야 알바르 파녜스 경께서[20)]　　한 치도 떨어져 있지 않네.
추방당한 자들은　　이제 많은 재산을 갖게 되었다네.
저 고명하신 전사께서　　모든 이들에게 발렌시아에서 마련해 주신 거라네.
집과 땅을,　　모두 만족해하네.
시드의 후덕함을　　모두 알게 되었다네.
뒤늦게 합류한 이들도　　모두 보상을 받았다네.
시드께선 알고 계시네,　　저들은 얻은 재산을 갖고
돌아갈 수만 있다면　　기꺼이 그리할 거라는 것을.
그리하여 시드께선 명령하셨네,　　이는 미나야께서 진언드린 거라네.

---

20) 역자 주: 발렌시아를 정복한 후 시드는 일국의 군주와 다름없는 지위를 얻게 되며, 알폰소 국왕으로부터도 용서받는다. 따라서 그를 따르는 기사들 또한 이제부터는 단순한 추방자가 아니므로 그에 걸맞는 귀족 칭호를 붙이는 것이 적절하다고 판단된다. 그 중에서도 특히 미나야는 시드의 사촌 동생이자 오른팔로써 제2인자라 할 수 있으므로 그에게는 경(卿)이라는 존칭을 붙이고자 한다.

그와 더불어 재물을 얻은 자는　　어느 누구든
1252b 만약 그에게 작별을 고하지 않거나　　손에 입을 맞추지 않고 떠나는 자는
발각되거나 체포되면
재산을 몰수하고　　교수형에 처해질 것이라고.
이 모든 조치가　　단호하게 내려졌다네.
전사께선 미나야 알바르 파녜스 경과　　상의하시네.
-미나야, 자네만 괜찮다면,　　조사를 하고 싶네.
지금 여기 남아 있고,　　나와 더불어 재산을 얻은 자들의 수를 말일세.
그들을 모두 기록해　　셀 수 있도록 말이야.
만일 숨거나　　빠지려는 자가 있다면
재산을 몰수해　　다른 부하들에게 나누어 줄 걸세.
1261b *이 발렌시아 성과　　외곽을 경계하고 있는 병사들에게 말이네.*
이에 미나야께서 대답하시네,　　*-좋은 생각이십니다.*

77

그리하여 모두 궁정에　　모이라 명하네.
모두 모이자　　일일이 수를 세고 이름을 적네.
총 삼천 육백 명,　　우리 비바르의 시드께서 거느리고 계신 병사 수라네.
진심으로 기뻐하며　　미소를 지으시네.
-미나야, 주님과　　성모 마리아 덕분일세!
우린 단 몇 명만으로　　비바르의 집을 떠났었지.
재산도 꽤 모았지만,　　앞으론 더 많이 모을 걸세.
미나야,　　자네만 좋다면 말일세,
자넬 까스띠야로 다시 보내고 싶네,　　우리 터전이 있는 곳으로 말이야.
가서 나의 주군이신　　알폰소 전하께

우리가 여기서 얻은 　이 재물들 중에서
말 백 마리를 바치고 싶네, 　가져가 주게나.
가서 내 대신 전하의 손에 입을 맞추고는 　간절히 청해주게.
내 아내 히메나와 　두 딸을
전하께서 자비를 베푸시어 　데려올 수 있게 해 달라고 말이야.
그녀들 대가는 보냄세, 　그리고 내 전갈을 잘 듣게나.
내 아내와 　어린 두 딸을
찾아가 　당당하게 오라고 전하게.
우리가 정복한 　이 이방인들의 땅으로 말이야.
이에 미나야께서 대답하시네. 　*-기꺼이 그리하겠나이다.*
이렇게 대답하곤 　떠날 채비를 하네.
시드께선 알바르 파녜스에게 　병사 백 명을 내주시네.
1284b 여행 도중 진력을 다해 　그를 잘 섬기도록.
그리고 은화 천 마르꼬를 　산 뻬드로 수도원에 보내시니.
따로 준비한 오백 마르꼬는 　산초 원장님께 보내시는 거라네.

78

이 소식에 　모두 환호하네.
그 때 동방으로부터 　고명한 사제 한 분이 찾아 오셨다네.
헤로니모라 불리는 　주교님이시라네.
박식하고 　무척 사려깊은 분이시라네.
또한 걷든 말을 타든 　기력이 왕성한 분이시라네.
시드의 무훈을 듣고 　찾아오신 거라네.
그는 전장에서 모로 인들과 　직접 맞서기를 청하시네.
자신이 직접 부딪혀 싸우는 것을 　싫어한다면

임종 시 어느 기독교도도　　자기에게 회개하지 않을 거라 말씀하시네.
이 말을 들은 시드께선　　매우 흡족해 하시네.
-이보게, 미나야 알바르 파네스,　　하늘에 계신 주님 덕분일세.
주님의 보살피심에　　감사드리네.
이 발렌시아에　　교구를 세워
이 훌륭한 분께　　맡기고 싶네.
자넨 까스띠야에 가서　　이 기쁜 소식을 전하게나.

79

알바르 파네스 경께서 기뻐하시네,　　로드리고께서 하신 말씀에.
그리하여 그들은 이 돈 헤르니모를　　주교로 모시네.
모두 부유하게 살 수 있는　　이 발렌시아에서.
오 주여, 얼마나 기뻐하던가,　　모든 기독교도들이.
저 발렌시아에서　　주교를 모시게 되었으니!
미나야께서도 기뻐하시네,　　작별을 고하며 떠나가시네.

80

발렌시아가　　평온해지자
미나야 알바르 파네스 경은　　까스띠야로 떠나시네.
여러분들에게 그가 묵었던 숙소는　　일일이 다 말하지 않겠노라.
까스띠야에 도착하자 알폰소 전하께서　　어디 계신지 수소문하신다네.
얼마 전　　사아군으로 가셨다가

다시 까리온으로 가셨으니 그 곳에 가면 만날 수 있으리라.
미나야 알바르 파네스 경은 이 말을 듣고 기뻐하시네.
즉시 선물들을 챙겨 들고 그리로 향하시네.

81

그 때 알폰소 왕은 막 미사를 끝내고 나오시는 길이라네.
미나야 알바르 파네스 경이 대령하네, 보무도 당당하게.
모든 이들이 보는 앞에서 무릎을 꿇고
알폰소 왕의 발아래 머리를 조아리시네.
그의 손에 입을 맞추고는 침착하게 말씀하시네.

82

-전하, 주님의 은총이 내리시길 비나이다!
전사 시드가 전하의 손에 입을 맞추나이다.
손과 발 모두에 입을 맞추나이다, 훌륭하신 주군께 바치는 것이옵니다.
청하옵건데 그에게 자비를 베풀어주소서, 주님께서 굽어살피시길!
전하께옵선 그를 추방하시어 그는 전하의 성은을 받지 못하고 있나이다.
비록 이방인들의 땅에 가 있으나 그는 자신의 본분을 다하고 있나이다.
헤리까와 온다라 불리는 지역을 얻었고
알메나르와 더없이 좋은 무르비에드로를 점령했나이다.
또한 세보야를 빼앗고, 더 나아가 까스떼욘을 정복했으며,
군건한 바위 구릉 위에 있는 뻬냐 까디에야를 정복했나이다.

이 모든 도시들은 물론이고, 이제는 발렌시아의 주인이 되었나이다.
전사는 자기 손으로 교구를 세웠고
다섯 번 싸워 모두 이겼나이다.
주께서 어여삐 여기시어 재산도 늘었나이다.
전하께 이 모든 게 사실이라는 걸 보여드리기 위해 여기 징표들을 가져왔나이다.
말 백 필이나이다, 모두 튼튼하고 살찐 것들이옵니다.
모두 안장과 재갈을 물려 놓았사옵니다.
시드는 모두 거두어 주시길 간청하나이다.
또한 전하의 신하를 자청하며 전하를 주군으로 모실 것이옵니다.
전하께선 오른 손을 들어 성호를 그으시네.
-이 어마어마한 재물을 시드가 마련했다니
성 이시도로시여, 굽어 살피소서! 진심으로 기쁘도다.
또한 시드가 거두었다는 승전보도 기쁘도다.
이 말들은 내게 선물로 바치는 것이라니 거두어 두겠노라.
왕은 무척 기뻐했지만, 가르시아 오르도네스 백작은 침통하다네.
-모로 인들의 땅엔 사내가 없는 모양이옵니다.
시드가 저렇게 제멋대로 설치고 다니는 걸 보니 말이옵니다!
전하께서 백작에게 말씀하시네, -그 입 다물라!
이유야 어쨌든 그는 그대보다 짐을 더 잘 섬기고 있도다.
미나야께서 사내답게 말씀하시네.
-시드는 전하께 자비를 청하옵니다. 청컨데
그의 아내 히메나와 어린 두 딸을
그가 남겨 두고 온 수도원에서 데리고 나와
발렌시아로, 시드에게로 갈 수 있도록 윤허해 주소서.
이에 전하께서 말씀하시길, -짐은 기꺼이 윤허하노라.
짐은 그녀들이 짐의 왕국 안에 있는 동안 식량을 제공할 것이며,
어떠한 모욕과 위험과 불명예로부터도 지켜 줄 것이로다.

그 귀부인과 숙녀들이   짐의 왕국을 벗어나게 되면
자네와 전사가 직접   모시게나.
근위병들과 모든 신하들은   잘 들어라!
짐은 시드가   아무 것도 잃게 되지 않길 바라노라.
또한 그를 주인으로 섬기고 있는   모든 병사들에게
몰수했던 재산을   모두 돌려주겠노라.
시드가 어디 있든지 간에   그의 재산은 모두 그의 것이로다.
짐은 약속하노니,   어떠한 신체상의 피해도 불이익도 당하지 않을 것이로다.
주군을 잘 섬기라고   이를 윤허하는 것이니라.
미나야 알바르 파네스 경은   왕의 손에 입을 맞추시네.
전하께선 웃으며   호쾌하게 말씀하시네.
-시드를   따라가고 싶어 하는 자들은
짐이 윤허하노니,   주님의 은총이 있길 바라노라.
서로 적대시하는 것보다   이렇게 함으로써 우린 더 많은 걸 얻을 것이로다.
이 때 까리온의 공자들이   귓속말을 주고받네.
-시드의 명성이   점점 커지고 있어.
우리가 그자의 딸들과 결혼하는 것도   나쁠 건 없을 것 같아.
그렇다고 우리가 감히   그런 이유 때문이라고 할 순 없잖아.
시드는 비바르 촌놈이고   우린 어엿한 까리온의 백작이니까.
그들은 아무에게도 내색하지 않고   일단은 잠자코 있네.
미나야 알비르 파네스 경은   국왕에게 하직을 고하시네.
-떠나겠는가? 미나야   주님의 은총이 함께 하길 바라노라.
전령을 한 명 데려가라,   자네에게 도움이 될 것이로다.
자네가 저 귀부인들을 데려갈 때,   모두 잘 모시도록 하라.
또한 메디나셀리까지   그녀들이 필요로 하는 것은 모두 제공될 것이로다.
그 후엔   시드가 돌보도록 하라.
미나야께선 하직 인사를 드리고   궁정을 떠나시네.

∽ 83 ∽

까리온의 공자들은　　결정을 내리곤
미나야 알바르 파네스 경을　　따라 나가네.
-경께선 무슨 일에서든 호의적이시니　　이 번 일도 그리해 주시길 바랍니다.
비바르의 시드님께　　저흴 잘 소개시켜 주십시오.
우린 전력을 다해　　그 분을 섬길 것입니다.
시드님께서 저흴 받아주신다면　　잃는 건 아무 것도 없으실 겁니다.
미나야께서 대답하시네,　　*-어려운 일은 아니군요.*
미나야께선 떠나시고,　　공자들은 돌아가네.
산 뻬드로를 향해 길을 재촉하시네,　　귀부인과 숙녀들이 있는 곳으로.
그가 오는 것을 보자　　모두 기쁨에 겨워 어쩔 줄 모르네.
미나야께선 말에서 내려　　산 뻬드로 성당으로 가 기도부터 드리시네.
기도를 마치자　　돈냐 히메나께로 가시네.
-그간 무고하셨습니까? 형수님,　　주님께서 모든 악으로부터 지켜 주시길!
또한 두 조카들에게도　　역시 그리해주시길 비나이다.
형님께선 멀리에서나마　　안부 전하십니다.
건강하시며　　큰 부자가 되셨나이다.
전하께옵서 자비를 베푸시어　　제게 윤허하셨습니다.
이젠 [형수님과 두 조카를][21] 우리 터전이 된　　발렌시아로 모셔 가도 좋다고 말입니다.
형님께서 형수님과 조카들이　　건강하고 아무 탈 없는 걸 보시면
무척 기뻐　　아무 걱정 없으실 겁니다.
돈냐 히메나께서 말씀하시네,　　*-주여, 감사합니다!*
미나야 알바르 파네스 경은　　말 세필을

---

21) 역자 첨가.

시드께,   그가 머물고 있는 발렌시아로 보내 소식을 알리시네.
-주께서 굽어 살피시는   전사께 가 전하라.
국왕 전하께옵서   형수님과 두 조카에게 자유를 주셨으며,
전하의 왕국을 지나는 동안   우리에게 양식을 대 주실 것이고,
주님께서 굽어 살피시면,   보름 후쯤엔
나와 형수님   두 조카
그리고 그녀들을 잘 모시고 있는   시녀들 모두 전사께로 갈 것이라고.
전령들은   이 전갈을 전하러 떠나고,
미나야 알바르 파네스 경은   산 뻬드로에 머무시네.
기사들이 몰려오네,   전국 방방곡곡에서.
그들은 발렌시아로,   비바르의 시드께서 계신 곳으로 가고 싶어하네.
자기들을 받아 달라고   알바르 파네스 경께 간청하네.
미나야께서 말하시네,   *-내 기꺼이 그리하겠노라.*
육십오 명의 병사들이   그의 곁에 모였네.
그에겐 이미 발렌시아에서 데려온   백 명의 병사들이 있다네.
이 귀부인들을 모셔 가기에   아주 훌륭한 호위대가 되었다네.
미나야께선 오백 마르꼬를   산초 원장께 바치네.
나머지 오백 마르꼬에 대해선   내 여러분들께 말씀해 드리겠노라.
미나야께선 히메나와   그녀의 두 딸,
그리고 그녀들을 모시고 있는   다른 시녀들
마음씨 좋은 미나야께선,   그녀들을 치장시킬 생각이시라네.
부르고스로 가 구할 수 있는   가장 좋은 옷과 장신구로,
또한 튼튼하고 멋진   말꾼들과 노새들로
이 귀부인들이   치장을 마치자
마음씨 좋은 미나야께서   다시 돌아가시려 할 때
라껠과 비다스가 달려와   발아래 매달리네.
-미나야시여,   사려 깊은 기사님이시여!
시드님께서 우릴 도와주지 않으시면   우린 망하게 생겼나이다.

이자는 받지 않을 테니　　원금만이라도 돌려주소서.
-내 시드께 말씀드려 보겠네,　　주님께서 나를 무사히 인도하신다면 말이야.
자네들이 한 일이 있으니　　잘 보상받을 걸세.
라겔과 비다스가 말하네,　　*-주께서 굽어 살피시길!*
아니면 우리가 부르고스를 떠나　　시드님을 찾아가겠나이다.
미나야 알바르 파네스 경은　　산 뻬드로로 돌아와
병사들을 이끌고　　떠나려 하시네.
그들이 떠나려 하자　　원장께서 무척 섭섭해 하시네.
-미나야 알바르 파네스여,　　주께서 굽어 살피시길!
내 대신 전사께　　안부 전해 주시게나.
이 수도원을　　잊지 말고
살아가는 동안　　계속 지켜 달라고도 전하고.
그러면 시드는　　더 복 받을 걸세.
미나야께서 대답하시네,　　*-기꺼이 그리하겠나이다.*
작별을 고하고　　말을 달리시네.
왕의 전령이 앞장 서　　그들을 지켜 주네.
왕국 여기저기서　　극진한 환대를 베푸네.
산 뻬드로에서부터 메디나셀리까지　　닷새 걸렸다네.
귀부인들과 알바르 파네스 경은　　마침내 메디나셀리에 도착했다네.
자, 여기서 여러분들께　　시드에게 소식을 전하러 간 전령 얘기를 해 드리겠소이다.
비바르의 시드께선　　이들의 얘기를 듣자
가슴이 벅차오르며　　기쁨을 감추지 못하고
이렇게　　말씀하시네.
-훌륭한 사절을 보낸 자는　　그에 걸 맞는 소식을 기다려야지.
자네, 무뇨스 구띠오스와　　뻬드로 베르무데스,
그리고 마르띤 안똘리네스,　　충성스러운 부르고스인이여,
사려깊은 성직자이신　　헤로니모 주교님을 모시고

병사 백 명을 데리고 떠나라,   단단히 무장하고.
산따 마리아를[22]   지나
더 앞에 있는   몰리나로 가라.
그 곳 영주가 내 친구인   아벵갈본이니
자네들에게 백 명의 병사를   기꺼이 더 내 줄 걸세.
가능한 한 곧장   메디나셀리로 들어가라.
그러면 거기서 내 아내와 두 딸,   그리고 미나야 알바르 파녜스를
만날 수 있을 것이다,   전갈대로라면.
명예롭게   그들을 내게 데려와라.
난 여기 발렌시아에 남아 있겠네.   큰 대가를 치른 곳이니
도시를 비워두는 건   미친 짓일 게야.
이곳은 이제 우리 터전이니   난 이 발렌시아에 남아 있겠네.
그의 말이 끝나자,   모두 말에 오르네.
될 수 있는 한   멈추지 않고 달려가네.
산따 마리아를 지나   브론찰레스에서 여장을 푸네.
그 다음 날   몰리나에 도착하네.
모로인인 아벵갈본은   전갈을 받자마자
기꺼이   일행을 맞으러 나오네.
-내 친구의 막료들이여,   오는 길에 별고 없으셨는가?
내겐 짐이 아니라   알아두시오, 오히려 큰 기쁨이라오!
무뇨스 구띠오스가   앞에 나서 말하네.
-시드께서 안부 전하시며,   영주께 청하시길
기병 백 명을   즉시 차출해
메디나셀리에 있는   그의 아내와 두 딸을 맞으라 하시오.
또한 영주께서 직접 그리로 가   그녀들을 호위해
발렌시아까지   한 시도 떨어지지 말라 하시었소.

22) 역자 주: 현 알바라씬 (Albarracín). 발렌시아와 메디나셀리 중간 지점에 있음.

아벵갈본이 대답하네,　　*-내 기꺼이 그리하리다.*
그 날 밤　　그들에게 만찬을 베푸네.
다음 날 아침　　다시 말을 달리네.
1490 백 명을 요청했으나,　　그는 이백 명을 데려 간다네.
높고 험한　　산들을 넘고[23)]
마따 데 따란스　　평원을 지나
1492b 그렇게　　거칠 것 없이
아르부후엘로 계곡을　　내려간다네.
이 때 메디나셀리에선　　신경을 곤두세운 채,
미나야 알바르 파녜스 경께서　　무장한 병사들이 다가오고 있는 것을 바라보고 계시네.
1495 척후병 둘을 보내　　누구인지 알아보시네.
병사들은 지체 없이 달려가네,　　기꺼이 그리하는 거니까.
척후병 중 한 명은 그들과 남고,　　다른 한 명은 알바르 파녜스 경께로 돌아가네.
-전사의 병사들입니다,　　우릴 찾아오는 길이랍니다.
저기 뻬드로 베르무데스 님께서　　앞장 서 달려오고 계십니다.
1499b *장군님의 진정한 친구이신　　무뇨스 구띠오스 경,*
1500 *부르고스의　　마르띤 안똘리네스 경,*
고명한 사제이신　　헤로니모 주교님,
그리고 아벵갈본 영주께서도　　병사들을 거느리고
명예롭게 맞으라는　　시드님의 명령에 따라
모두 이리로 오고 계십니다,　　곧 도착하실 겁니다.
1505 이에 미나야께서 말씀하시네,　　*-우리도 말을 타고 맞으러 나가자.*
모두 서둘러 나가네,　　한 시도 지체하지 않고.
멋지게 차린　　기사 백 명이 나아가네.
모두 훌륭한 말에　　화려한 비단 천을 덮고

---

23) 역자 주: 루쏜 (Luzón)산을 가리킴.

흉갑엔 방울을 달고,　　방패를 목에 대고 나오네.
손에 비껴든 창엔　　멋진 깃발 장식이 달려있네.
이는 모든 사람들이 알게 하려 함이네,　　알바르 파네스 경께서 얼마나 빈틈없으며,
이 귀부인들을 모시고　　얼마나 장대하게 까스띠야에서 나오셨는지를.
앞서 달려간 자들은　　미리 도착해
창을 높이 치켜들고　　환호하기 시작하네.
함께 할론 강을　　즐겁게 건너네.
다른 일행들도 도착해　　미나야께 머리 숙여 예를 갖추네.
아벵갈본은 도착하자,　　그의 앞에 나서
얼굴 가득 미소를 머금고는　　그를 포옹하네.
그들의 관습대로,　　어깨에 입을 맞추네.
-경과 함께 하게 되다니 영광이오,　　미나야 알바르 파네스 경!
경께서 이 귀부인들을 여기까지 모시고 와　　우릴 더 영예롭게 해주시는 구려.
전사 시드의 아내와　　두 딸을 말이오.
우리 모두 경을 존경하오.　　이 또한 시드의 복이 아니겠소.
설사 우리가 그를 좋아하지 않는다 해도　　그에겐 어떤 해드 끼치지 않을 게요.
평시 건 전시 건　　내 것이 곧 그의 것이오.
이를 모르는 자를　　난 바보로 취급할 거요.

84

미나야 알바르 파네스 경은　　미소를 지으며 대답하시네.
-어서 오십시오, 아벵갈본 영주님,　　영주님은 주군의 친구 아니십니까?
주께서 저를 시드께 무사히 인도하시어　　살아서 그를 보게 된다면,
영주님께서는 이번 일로　　아무 것도 잃지 않으실 겁니다.

자, 쉬러 가십시다.　　저녁이 준비되어 있습니다.
아벵갈본이 말하네,　　*-환대에 감사하오.*
사흘 후엔　　내 배로 갚아 드리리다.
일행이 메디나셀리로 들어서자,　　미나야께서 그들을 접대하시네.
모두 받은 환대에　　기뻐하네.
왕의 전령에겐　　돌아가라 명하네.
발렌시아에 있는　　시드께선
메디나셀리에서 베풀어준　　그 커다란 환대에 고무되어 계시네.
이 모든 게 국왕께서 내리신 것이며,　　미나야께선 단 한 푼도 내지 않았다네.
밤이 지나고,　　아침이 밝아 오자
미사를 올리고　　즉시 말에 오르네.
일행은 메디나셀리를 떠나　　할론 강을 건너네.
아르부후엘로 쪽으로　　박차를 가하네.
곧 따란스 평원을　　가로질러
몰리나에 도착하네.　　여긴 아벵갈본이 다스리는 도시라네.
흠없는 훌륭한 기독교도이신　　헤로니모 주교께선
밤낮으로　　부인들을 지키시네.
오른쪽에서 준마를 타고　　창을 앞세우고 가시네.
그의 곁엔 알바르 파녜스 경이　　함께 가고 있네.
일행이 몰리나에 도착하네,　　멋지고 부유한 도시에.
모로인 아벵갈본은　　융숭하게 그들을 대접하네.
원하는 것 중에서　　아무 것도 모자란 게 없었다네.
심지어는 말발굽까지도　　마음대로 가져다 쓰라 하네.
미나야와 숙녀들을　　주여, 얼마나 영광되게 하는지!
다음 날 아침　　일행은 즉시 다시 말에 오르네.
그가 발렌시아까지　　동행할 거라네.
그가 모두 지불하고,　　그들로부터는 아무 것도 받지 않았다네.
이러한 기쁨과　　좋은 소식을 묶어

일행이 발렌시아 인근 삼 레구아[24] 쯤 도착하자
시드, 좋은 시기에 칼을 차신 이께
발렌시아로 전갈을 보내네.

85

시드께선 기뻐하시네, 그렇게 기뻐하시기는 난생 처음이라네.
이 세상에서 가장 사랑하는 사람들이 온다는 전갈이 왔으니.
이백 명의 기병들에게 즉시 나아가 맞으라 명하시네.
미나야와 귀부인들을.
자신은 발렌시아에 남아 성을 지키시네.
필요한 조치는 알바르 파녜스가 다 취할 거라는 걸 잘 알고 계시기 때문이라네.

86

모든 이들이 나와 미나야와
시녀들과 두 딸, 그리고 다른 일행을 맞이하네.
시드께서는 성안에 남아 있는 사람들에게 명령하시네.
궁성과 성 탑들을 잘 지키고,
모든 성문들과 출입구를 잘 지키라 명하시네.
바비에까를 데려오라 명하시네. 이는 얼마 전

24) 역자 주: 약 40리. 1레구아(legua)는 5,572미터 임.

저 세비야 왕을　　격퇴시키고 얻으신 거라네.
우리의 시드,　　좋은 시기에 칼을 차신 이께서는 아직 잘 모르고 계신다네.
1575 이 말이 얼마나 잘 달리는지,　　또는 얼마나 급정거를 잘 하는지.
하지만 안전한　　발렌시아 성문 앞에서
아내와 두 딸에게　　무예 시범을 보이고 싶어하시네.
부인과 두 딸이 성대하게　　환대를 받는 와중에
헤로니모 주교께서　　앞서 들어오시네.
1580 말에서 내려　　예배당으로 향하시네.
시간에 맞춰 준비하고 있던　　모든 사람들과
흰 법의로 차려입고　　은으로 된 십자가를 들고
귀부인들과　　훌륭한 미나야를 맞으러 나오시네.
좋은 시기에 태어나신 이께서도　　서둘러 나오시네.
1587 비단 도포를 걸치고　　긴 수염을 흩날리시며.
1585 바비에까에 안장을 얹고　　온갖 화려한 장신구로 치장하셨네.
시드께선 그 위에 올라탄 채　　나무로 된 창을 비껴들고 나오시네.
1589 저 유명한 말　　바비에까를 타고 나오시네.
1588 한 번 내달리자　　그 빠르기에
1590 달리는 것을 본　　사람 모두 놀라 자빠지네.
이 날부터 바비에까는　　스페인 전역에서 유명해졌다네.
경주가 끝나자　　시드께서는 말에서 내려
아내와　　두 딸에게 다가가시네.
히메나는 그를 보자　　발아래 꿇어앉네.
1595 *-오, 전사시여,　　좋은 시기에 칼을 차신 이여!*
당신께서 저를　　저 치욕 속에서 꺼내주셨군요.
우린 이렇게 무사히 왔답니다,　　저와 당신의 두 딸 모두요.
주님과 당신 덕분에　　모두 예쁘게 컸답니다.
시드께선 아내와 두 딸을　　와락 끌어안으시네.
1600 그들의 눈에선　　기쁨의 눈물이 넘쳐흐르네.

모든 병사들도　　기뻐 환호하네.
창을 멋지게 휘둘러　　목판을 부수네.
좋은 시기에 태어나신 이께서　　하신 말씀을 들어 보시라.
-나의 사랑하는 현숙한 아내　　히메나여,
그리고 내 심장과 영혼 같은　　나의 두 딸들아,
나와 함께 들어가자꾸나,　　우리 집 발렌시아로.
우리 터전으로,　　내 너희들을 위해 정복했노라.
그의 아내와 두 딸은　　그의 손에 입을 맞추네.
성대한 환호 속에　　발렌시아로 들어가네.

87

시드께선　　그녀들을 데리고 왕궁으로 가
가장 높은 곳으로　　올라가시네.
아름다운 눈을 반짝이며　　사방을 둘러보네.
발렌시아,　　그 도시가 어떻게 펼쳐져 있는지 바라보네.
다른 쪽으로 눈을 돌리자　　바다가 펼쳐져 있네.
경작지를 내려다보니　　풍요롭고 드넓구나.
다른 모든 것들도　　다 경탄스럽다네.
손을 들어 올려　　주님께 기도드리네.
이렇게 크고 값진　　부를 내려 주셨으니.
시드와 동료들은　　크게 기뻐하네.
그렇게 겨울이 가고　　삼월이 오네.
내 여러분들께 바다 건너 저 편의　　새로운 소식을 알려드리겠노라.
저 모로코의 왕　　유수프의 소식이랍니다.

88

모로코의 왕은 　 우리의 시드 돈 로드리고의 소식에 분통이 터졌다네.
-감히 내 땅엘 　 이렇게 깊숙이 들어오다니,
예수 그리스도에게나 　 감사하고 있겠군.
저 모로코의 왕은 　 병사들을 소집하네.
모두 오만 명의 병사들이 　 모였다네.
바다로 나아가 　 배에 오르네.
발렌시아, 　 우리의 시드 돈 로드리고를 치러 가는 거라네.
배가 닿자 　 즉시 뭍에 뛰어 내리네.

89

그들은 발렌시아, 　 우리의 시드께서 정복하신 도시에 도착했다네.
저 이교도들은 군막을 치고 　 야영을 하네.
이 소식이 　 즉시 시드께 들어갔네.

90

주님과 　 성부시여, 찬양 받으소서!
제가 가진 모든 재산이 　 이 앞에 있나이다.
전 죽을 힘을 다해 이 발렌시아를 얻어 　 터전으로 삼았나이다.
죽기 전엔 　 절대 내주지 않을 것이옵나이다.

주님과   성모 마리아의 가호 덕에
전 여기 두 딸과 아내와   함께 있나이다.
바다 저 건너 땅에서   제게 기쁜 소식이 날아 왔나이다.
기꺼이 칼을 들고 나가 싸우겠나이다,   피하지 않겠나이다.
제 딸들과 아내는   제가 어떻게 싸우는 지 보게 될 것이옵나이다.
이 이방인들의 땅에서   어떻게 살아남는지 보게 될 것이며,
이제 두 눈으로 직접   어떻게 빵을 구하는지 보게 될 것이옵나이다.
아내와 두 딸은   궁성으로 올라가게 하시네.
눈을 들어 올려   군막을 바라보시네.
-저게 다 뭐예요? 시드,   주께서 당신을 굽어살피시길!
-현숙한 아내여,   두려워 마오!
우리에게 불어날 재산이라오,   놀랍고도 대단하지.
당신이 온지 얼마 안 됐으니   당신에게 선물을 바치려나 보오.
또 우리 딸들 결혼식에 쓸   가구들도 가져온 것이라오.
-시드여, 당신과   성부께 감사 드려요.
-여보, 여기 있으시오.   이 궁성에.
내가 싸우는 걸 보게 되더라도   놀라지 마시오.
주님과   성모 마리아의 은총으로
당신이 앞에 있으니   내 가슴이 벅차오는 구려.
주님의 가호로 난 이 싸움을   반드시 이길 것이오.

91

군막을 세우자   먼동이 터오네.
다급하게   북소리가 울리네.
시드께선 기쁨에 가득 차 말씀하네,   -오늘은 대단한 날이 되겠군!

히메나는 겁이 나　　심장이 터질 것 같다네.
시녀들과　　두 딸들도 마찬가지라네.
태어나서　　이런 공포는 처음이라네.
훌륭한 전사 시드께선　　수염을 쓰다듬으며 말씀하시네.
-겁먹지 마라,　　모두 너희들 편이니까.
주께서 굽어 살피신다면,　　보름 이내에
우린 저 북들을　　수중에 넣어
너희들에게 가져다　　어떻게 생긴 것인지 보여줄 것이로다.
후에 헤로니모 주교께　　바쳐
주님의 어머니이신　　성모 마리아 성당에 걸 것이로다.
이는 시드께서 하신　　약속이라네.
그녀들은 기뻐　　용기를 되찾네.
모로코에서 온 모로인들은　　보무도 당당하게 말을 달려 나오네.
용감하게 들판으로　　들어오네.

92

초병이 이를 보고　　종을 울리네.
루이 디아스의 병사들도　　준비를 하네.
단단히 무장을 하고는　　성을 박차고 나가네.
모로인들과 부딪히자　　사력을 다해 공격을 퍼붓네.
이에 모로인들은 들판에서　　아주 처참하게 쫓겨났다네.
날이 저물 때쯤엔　　모로인 오백 명이 죽었다네.

93

[시드의 병사들은][25] 진지까지　　추격해 들어갔다
1680 많은 전과를 거두고　　돌아오려 하네.
그 때 알바로 살바도레스가　　포위되었다네.
그러나 시드와 빵을 나눈 동료들이　　[그를 구해][26] 시드께로 돌아오네.
시드께서도 두 눈으로 직접 보셨지만,　　보고를 올리네.
시드께선 부하들이 올린 전과에　　크게 기뻐하시네.
1685 *-제장들이여, 잘 들어라,　　이것이 다가 아니다.*
오늘도 대단했지만　　내일은 더 대단할 것이다.
내일 아침 동이 트기 전에　　모두 무장을 갖춰라.
1689 *헤로니모 주교께서　　우리의 죄를 사해 주실 것이며,*
1688 *우릴 위해 미사를 올리실 것이니,　　너희들은 말에 오를 준빌 하라.*
1690 *우린 저들을 공격할 것이며,　　다른 방도는 없다.*
1690b *주님과　　사도 야곱의 이름으로,*
저들을 물리쳐,　　저들이 우리의 빵을 빼앗아가지 못하게 하라.
이에 모두 대답하네,　　*-신명을 다 바치겠나이다.*
미나야께서 나서 말씀하시네.　　뒤에 쳐져있기가 싫기 때문이라네.
-시드시여, 형님만 좋으시다면,　　이 번 싸움은 제게 맡겨 주십시오.
1695 *제게 기병 백삼십 명만 주시면　　나가 싸우겠나이다.*
형님께서 전면을 공격하시면,　　제가 배후를 치겠나이다.
양쪽이든 한 쪽이든　　주께서 우릴 굽어 살피실 것이옵니다.
이에 시드께서 대답하시네,　　*-기꺼이 그리하겠네.*

---

25) 역자 첨가.
26) 역자 첨가.

94

날이 저물어　　밤이 되었네.
저 기독교도 병사들은　　지체 없이 대형을 갖추네.
두 번째 닭이 거푸 울자　　동이 트기 전에
헤로니모 주교는　　미사를 집전하시네.
미사가 끝나자　　그들의 죄를 모두 사해 주시네.
-여기서　　적과 맞서 싸우다 죽는 자는
내 그의 죄를 사하노니　　주께서 그의 영혼을 거두어주실 것이로다.
그대, 시드 로드리고,　　좋은 시기에 칼을 차신이여,
내 오늘 아침　　그대를 위해 미사를 올렸으니
그대에게 청이 하나 있소이다,　　들어 주시길 바라오.
선봉,　　그걸 내게 맡겨주시오.
이에 전사께서 대답하시네.　　*-벌써 주교님께 맡겼나이다.*

95

모두 단단히 무장을 하고　　꾸아르또 탑을 지나 나가네.
시드께선 병사들을　　독려하시네.
성문 앞엔　　경험이 많은 병사들을 배치하시네.
시드께선　　자신의 애마 바비에까에 훌쩍 올라타시네.
모든 마구들이　　다 잘 갖추어져 있다네.
군기가 나오네,　　발렌시아 성에서.
사천에서 삼십 명 모자라는 병력이　　시드와 더불어
대담하게 오만 명을　　공격하려 하고 있다네.

알바르 알바레스와 미나야는 뒤쪽으로 돌아가네.
주님께 기도를 드리네, 저들을 물리쳐야만 한다네.
시드께선 창을 휘두르다 부러지자, 칼을 빼드시네.
너무 많은 모로인들을 죽여 일일이 다 셀 수조차 없을 지경이라네.
팔꿈치를 타고 아래로 피가 흘러내리네.
유수프 왕을 세 차례나 내리쳤으나,
쏜살같이 말을 달려 그의 칼날을 벗어나
꾸예라 성으로 도망치네.
우리 비바르의 시드께선 거기까지 쫓아 들어가시네.
그를 따르는 많은 훌륭한 부하들과 함께.
그 곳에서 돌아오시네, 좋은 시기에 태어나신 이께서.
매우 기뻐하시네, 빼앗은 많은 전리품들로 인해.
거기에서 바비에까를 머리부터 꼬리까지 다시 보셨다네.
이 모든 전리품이 그의 손에 들어왔다네.
적의 수는 오만 명이었는데,
그 중 백 네 명밖엔 살아 도망치지 못했다네.
시드의 병사들은 적진을 터네.
금은보화가 삼천 마르꼬라네.
다른 전리품들은 셀 수조차 없다네.
시드께선 기뻐하시네, 그의 부하들도 다.
주께서 굽어 살피시어 전투에서 승리했다네.
모로 왕을 격퇴시키자마자
알바르 파네스에게 전장을 수습하도록 맡겨 두고
백 명의 기병을 이끌고 발렌시아로 들어가시네.
투구와 쇠 그물 두건은 벗고 너울진 속 모자만 쓰신 채,
손엔 칼을 들고 그렇게 바비에까를 타고 들어가시네.
그를 기다리고 있던 귀부인과 숙녀들이 그를 맞네.
시드께선 고삐를 당겨 그녀들 앞에 말을 멈추어 서시네.

-부인, 그리고 애들아, 내 너희들 위해   큰 전리품을 얻어 왔노라.
너희들이 이 발렌시아를 지키고 있는 동안,   난 전투에서 이겼노라.
이는 주님과   모든 성자들께서 보살피셨기 때문이로다.
너희들이 오자마자   우리에게 이런 선물을 주셨구나.
피가 뚝뚝 떨어지는 이 칼과   땀을 뻘뻘 흘리고 있는 이 말을 보라.
이처럼 처절하게   저 들판에서 모로족을 물리쳤도다.
내 너희들을 위해 오래 살게 해 달라고   주님께 기도해 다오.
그러면 너희들은 더 고귀해질 것이고,   모두 너희들의 손에 입을 맞출 것이로다.
시드께선 이렇게 말씀하시면서   말에서 내리시네.
말에서 내려   두 발로 서자
시녀들과 두 딸,   고귀한 그의 아내가
전사 앞에   무릎을 꿇네.
-당신은 우리의 주인이시옵니다,   만수무강 하소서!
[히메나는][27] 그를 따라   궁으로 들어가
그의 곁에   화려한 의자에 앉네.
-내 아내 히메나여,   당신이 내게 청하지 않았소?
당신이 데려온 시녀들은   당신을 잘 섬기고 있구려.
내 그녀들을   내 부하들과 결혼시키고 싶소.
그녀들 각자에게   이백 마르꼬씩 주리다.
그리고 전 까스띠야에 알리겠소,   누굴 그토록 잘 섬겼기 때문인지를.
우리 딸들의 일은   천천히 알아보는 게 좋겠구려.
모두 일어나   그의 손에 입을 맞추네.
온 궁성 가득   기쁨이 넘쳐흐르네.
우리의 시드께서 이렇게 말씀하셨으니,   일은 이미 다 된 것이로다.
미나야 알바르 파네스 경은   아직도 들판에 계시네.
모든 병사들과   일일이 세며 기록하고 있다네.

27) 역자 첨가.

군막과 무기들,　　값진 옷가지들 중에서
그들이 찾은 많은 것들은　　대단히 귀한 것들이라네.
내 여러분들께　　가장 좋은 것들만 말씀드리겠소이다.
말들의 수는　　일일이 다 셀 수 없었다네.
그냥 몰아갈 뿐이지　　그것들을 하나씩 잡고 갈 사람이 없기 때문이라네.
그 땅에 사는 모로인들도　　전리품을 얻었다네.
이 모든 것들 중에서　　전사 몫으로
훌륭한 말　　천 필이 돌아갔다네.
시드께 이토록　　많이 돌아간 만큼
다른 사람들도　　모두 흡족하게 포상 받았다네.
얼마나 많은 값진 군막들이며,　　얼마나 아름답게 치장된 기둥들인가,
시드께서　　자신의 부하들과 노획한 것들이!
모로코 왕의 군막은　　다른 군막들 맨 뒤에 위치해
금으로 세공된　　기둥 두개가 떠받치고 있다네.
사려깊은 전사　　시드께선 명령하시네.
군막은 있는 그대로 두고　　아무도 건드리지 못하도록.
-모로코 왕의 소유인　　이 같은 군막은
내 까스띠야의 알폰소 전하께　　바치고 싶도다.
이 시드가 부자가 되었다는 것을　　아시도록 말이야.
일행은 이 많은 전리품을 끌고　　발렌시아로 들어오네.
고명한 사제이신　　헤로니모 주교께선
양 손으로　　싸우다 지치셔서
죽인 모로인들을　　다 세지도 못하셨다네.
그의 몫도　　대단히 많다네.
시드 로드리고,　　좋은 시기에 태어나신 이께서
자신의 몫에서　　일 할을 더 드렸기 때문이라네.

96

발렌시아에서　기독교도들은 기뻐 환호하네.
재산과　말과 무기들을 무척 많이 얻었기 때문이라네.
히메나와　두 딸 또한 기뻐하네.
시녀들도 모두 좋아하네,　결혼하게 되었으니까.
후덕하신 시드께선　지체하지 않으시네.
-어디 있는가, 위대한 기사,　미나야, 이리 오게나.
자넨 자네 몫에　별로 신경도 안 쓰는구먼.
내 약속하노니,　내 몫에서
원하는 만큼 가져가고　내겐 조금만 남기게.
내일 아침 먼동이 트면　지체 없이 떠나게.
내가 얻은　내 몫에서 말들을 끌고
안장과 재갈을 물리고　칼을 매달아 가게.
내 아내와　두 딸의 보살펴주시고
그녀들을 명예롭게　보내주셨기 때문이라네.
이 말 이백 필은　그 보답이라네.
알폰소 전하께서　이 발렌시아를 다스리게 된 나에 대해 나쁘게 말씀하지 않으시도록 말이야.
뻬드로 베르무데스에게 명해　미나야와 함께 가라 하시네.
다음 날 아침　둘은 즉시 말에 오르네.
이백 명의 병사를　데리고 가네.
시드께 작별인사를 하고　손에 입을 맞추네.
시드께서 이 싸움에서　[모로인들을][28] 물리쳐 얻으신
이백 필의 말이　선물로 보내지네.

---

28) 역자 첨가.

-소신 살아 있는 한　　늘 전하를 섬기겠나이다.

97

그들은 발렌시아를 떠나　　여행을 시작하네.
이 많은 재물을 가져가고 있으니　　잘 지켜야 한다네.
밤낮을 가리지 않고 걷네,　　쉬지도 않고.
까스띠야와 경계를 이루고 있는　　산을 넘자
알폰소 전하를 알현할　　채비를 하네.

98

다시 산을 넘고　　강을 건너
알폰소 왕이 있는　　바야돌릿에 도착하네.
뻬드로 베르무데스와 미나야께선　　전갈을 띄워
일행을 마중　　나오게 하시네.
발렌시아의 영주이신 우리의 시드께서　　선물을 보낸 사절이라네.

99

왕은 대단히 기뻐하시네,　　여러분들께서는 그가 그렇게 기뻐하시는 것을 보지 못하셨을 거외다.

전 귀족들에게   즉시 말은 타고 나가 맞으라 명하시네.
그리고 자신이 가장 앞서   뛰어 나가시네.
좋은 시기에 태어나신 이의   사절을 맞으러.
까리온의 공자들은, 알아 두시라,   또 잔머리를 굴리네.
우리 시드의 철천지 원수인   가르시아 백작도 마찬가지라네.
[시드의 소식이][29] 이처럼 어떤 이들에겐 기쁨이지만,   다른 이들에겐 고통이라네.
좋은 시기에 태어나신 이의 병사들이   눈앞에 당도하네.
사절이라기 보다는   모두 정예병 같다네.
알폰소 전하께선   성호를 그시네.
미나야와 뻬드로 베르무데스는   앞으로 나서
말에서 내려   두 발로 서네.
알폰소 전하 앞에   무릎을 꿇고
땅과   그의 두 발에 입을 맞추네.
-명예로우신   알폰소 전하!
전사 시드를 대신해   이 모든 걸 전하께 바치옵니다.
[시드는][30] 전하를 주군으로 섬기며   스스로 전하의 신하를 자청하나이다.
시드는 전하께옵서 내려주신   영예를 깊이 감사드리고 있나이다.
전하, 얼마 전에   전투에서 승리했나이다.
저 모로코의 왕,   유수프란 자를,
그의 오만 군대를   무찔렀나이다.
거기서 거둔 전리품들이   대단히 많아
그의 부하들이 모두   부자가 되었나이다.
전하께 말 이백 필을 바치옵고   손에 입을 맞추나이다.
알폰소 전하께서 말씀하시네.   *-짐은 기꺼이 받겠노라.*

29) 역자 첨가.
30) 역자 첨가.

짐에게 이런 선물을 보낸　　시드에게 감사하노라.
짐에게서 보답을 받을 날이　　오길 바라노라.
이는 많은 이들을 기쁘게 해　　그의 손에 입을 맞추게 하네.
이에 가르시아 백작은 분통이 터지고,　　화가 치밀어 오르네.
친척 열 명과　　따로 떨어져 말을 나누네.
-시드란 놈이 대단하군,　　그 놈의 명예가 날로 커 가고 있어.
그 놈이 잘 나갈수록　　우린 더 굴욕감을 느끼겠지.
그렇게 쉽게　　모로 왕들을 무찌르고,
마치 죽은 놈들과 싸운 것처럼,　　많은 말들을 빼앗아 왔으니
그 놈이 거둔 승리로　　우리 명성에 흠이 가게 될 거야.

100

알폰소 전하께서 말씀하시네,　　전하께서 하신 말씀을 들어 보시라.
-주님과 성 이시도로께　　감사드리도다.
이 이백 필의 말을　　시드가 짐에게 보냈도다.
앞으로도 짐의 왕국에　　더 충실히 봉사할 것이로다.
그대 미나야 알바르 파녜스와　　뻬드로 베르무데스여,
그대들에게 명하노니,　　멋진 옷으로 치장하고
그대들이 원하는　　무기로 무장하라.
루이 디아스 시드 앞에서　　근사하게 보이도록 말이야.
짐이 그대들에게 말 세 필을 줄 테니　　여기서 가져가라.
짐이 보고　　가슴으로 느낀 바에 따르면,
모든 일들은　　다 잘 풀릴 것이로다.

101

그들은 왕의 손에 입을 맞추고　　쉬러 들어가네.
[국왕은][31] 그들이 필요로 하는 건 뭐든지　　제공하라고 명령하시네.
여기서 까리온의 공자들,　　내 여러분들께 이 자들 얘기를 해드리겠소이다.
그들은 아주 은밀하게　　서로 상의하네.
-시드의 명성이　　날로 높아 가고 있어.
딸을 달라고 하자,　　결혼하겠다고 말이야.
그러면 우리 명예도 올라가고,　　재산도 늘어날 거야.
그들은 알폰소 전하께 가네,　　아주 은밀하게.

102

-주군이신 전하께　　청하옵나이다.
소신들이 하고자 하는 바에　　조언을 내려 주소서.
소신들에게　　전사의 딸들을 중신서 주소서.
그녀들의 명예와 소신들의 영광을 위해　　그녀들과 결혼하길 원하옵나이다.
전하께선 한 동안　　깊은 생각에 잠기시네.
-짐은　　훌륭한 전사를 추방했도다.
짐은 그를 나쁘게 대했지만　　그는 짐에게 많은 전리품을 가져다 주었지.
이 청혼에 대해　　그의 구미가 당길지 모르겠도다.
그러나 너희들이 원하니　　중신을 서 보겠노라.
그리고는 미나야 알바르 파녜스와　　뻬드로 베르무데스,

---

31) 역자 첨가.

알폰소 전하께선 그들을 불러
옆방으로 따로 데려가시네.
-잘 듣게, 미나야와 뻬드로 베르무데스.
전사 루이 디아스는 짐을 잘 섬기고 있으니
짐은 그를 용서할 것이로다, 그에겐 그만한 공로가 있으니까 말이야.
그만 괜찮다면, 짐을 알현하러 오라 하라.
이 궁정에서 새로운 소식이 있도다.
디에고와 페르난도, 두 까리온의 공자들이
그의 두 딸과 결혼하길 원하고 있네.
좋은 중신아비가 돼 주게, 자네들에게 청하네.
훌륭한 전사에게 이를 잘 전해 주게나.
더 명예롭고 영광될 걸세.
까리온의 공자들과 인척이 된다면 말일세.
미나야께선 뻬르 베르무데스의 의견을 묻고는 대답하시네.
-전하의 말씀을 그대로 전하겠나이다.
시드는 전하께옵서 원하시는 대로 할 것이옵니다.
-루이 디아스, 좋은 시기에 칼을 찬 이에게 전하게.
그가 원하는 곳으로 짐이 만나러 가겠노라고.
그가 지정하는 곳에서 우린 만날 것이로다.
짐은 시드에게 최대한의 호의를 베풀겠노라.
둘을 전하께 하직하고 이 소식을 갖고 돌아가네.
발렌시아로 가네, 부하들을 이끌고
훌륭한 시드께선 이 소식을 듣자
급히 말을 달려 그들을 맞으러 나오시네.
시드께선 미소를 지으며 그들을 끌어안으시네.
-어서 오게나, 미나야, 그리고 뻬드로 베르무데스여!
자네들 같은 두 사람은 아무 데도 없을 걸세.
주군이신 알폰소 전하께선 강녕하신가?

만족하시던가,　　선물은 받으시던가?
미나야께서 말씀드리네.　　*-진심으로*
기뻐하시고　　형님께 재차 신임을 보이셨나이다.
시드께서 말씀하시네.　　*-다 주님 덕분일세!*
이렇게 말씀하신 다음,　　보고를 들으시네.
레온의 군주이신 알폰소 왕이　　그에게 청한 바를.
그의 딸들을　　까리온의 공자들과 결혼시키면
그의 명예와　　명성이 더 드높아질 테니
진심으로　　그에게 청하고 있다는 사실을.
시드,　　훌륭한 전사께선 이 말을 듣고
한 동안　　깊은 생각에 잠기시네.
-이는 나의 주　　예수 그리스도 덕분일세.
난 추방당해　　명예를 잃어버렸었지.
열심히 노력해　　겨우 지금 내가 갖고 있는 것들을 얻었다네.
전하의 신임을 되찾은 걸　　주님께 감사드리네.
그리고 까리온의 공자들에게　　내 딸들을 중신 서 주신 것도 감사드리네.
말해 보게나, 미나야,　　그리고 뻬드로 베르무데스,
이 결혼에 대해　　자네들은 어떻게 생각하는가?
-형님께서만 좋으시다면　　저희도 동의합니다.
시드께서 대답하시네.　　***-까리온의 공자들은 대단한 귀족들이지.***
자부심도 대단하고　　궁정에서도 일하고 있지 않은가.
난 이 결혼이　　별로 내키지 않지만
우리보다 더 고귀하신 분께서　　중신을 서신 거니까
이에 대해 얘기해 보세,　　우리끼리 조용히 말이야.
하늘에 계신 주께서　　최선의 방책을 일러주실 걸세.
-이 일 이외에도　　알폰소 전하께서 형님께 말씀하셨습니다.
형님께서 지정하는 곳으로　　형님을 만나러 오시겠다고요.
형님을 만나　　자신의 신임을 보이고 싶으시답니다.

그러니 형님께서 가장 좋은 방법을　　생각해 보소서.
이에 시드께서 대답하시길,　　*-진심으로 기쁘도다.*
알현 장소는　　자네들이 정하게.
미나야께서 대답하시네.　　*-형님께서 생각해 보소서.*
우린 당연히　　알폰소 전하께서 원하신다면,
그 분께서 계신 곳으로 가　　뵈어야겠지요.
그게 주군이신 국왕 전하께　　커다란 영광을 드리는 걸 테니까요.
하지만 전하께서 원하신다면　　우리도 거기에 따라야겠지요.
따호 강변에서 만나는 게 어떨까요,　　가장 큰 강이니까요.
거기서 알현하시지요,　　주군께서 원하실 때 말입니다.
편지를 쓰고　　봉인을 하네.
기사 둘을 보내　　즉시 편지를 전하네.
전하께서 원하시는 대로　　전사께선 도착하실 거라네.

103

영예로운 국왕 전하께　　편지가 도착했다네.
[전하께선][32] 이를 읽고　　진심으로 기뻐하시네.
-좋은 시기에 칼을 찬 시드에게 가　　내 안부를 전하라.
삼 주 후에　　회담을 열겠노라고.
내가 살아 있는 한　　틀림없이 갈 것이로다.
지체 없이　　[두 전령은][33] 시드에게로 돌아가네.
양측에서 모두　　회동을 준비하네.

---

32) 역자 첨가.
33) 역자 첨가.

까스띠야에서 누가 보았는가?　　저 아름다운 노새와
저토록 우아하게 걷는　　시종 마,
튼튼하고　　잘 달리는 말들,
훌륭한 창끝에 달려있는　　저 위엄 있는 군기,
금과 은으로　　가운데가 장식된 방패,
안드로스 섬에서 만들어진　　망토와 모피 코트, 훌륭한 샌달들을.
왕은 많은 양식을　　보내라 명하시네,
따호 강변으로.　　거기서 회담이 열릴 거니까.
많은 병사들이　　왕을 수행하네.
까리온의 공자들도　　기쁨에 들떠 따라가네.
한 쪽으로 빚을 얻어　　다른 빚을 갚아가는 처지지만
생각대로만 된다면　　재산이 듬뿍 늘어날 거라네.
원하는 만큼　　금은보화가 굴러들어올 테니까.
알폰소 전하께서는　　서둘러 말을 재촉하시네.
백작들과 귀족들,　　그리고 많은 병사들을 거느리고.
까리온의 공자들도　　많은 수행원들을 데려가네.
레온 인들과　　갈리시아 병사들이 왕을 수행하네.
그러나 알아두시라, 까스띠야 병사들은　　셀 수조차 없이 많다는 것을.
고삐를 채　　회담장으로 달려가네.

104

우리의 전사 시드께선　　발렌시아에서
지체 없이　　회담장으로 떠날 채비를 하시네.
튼튼한 노새와　　아름다운 시종 마,
훌륭한 무기와　　잘 달리는 준마,

멋진 외투,　망토와 모피,
어른이고 아이이고 간에 모두　형형색색의 옷으로 차려 입네.
미나야 알바르 파녜스 경과　저 뻬드로 베르무데스,
몬떼 마요르의 영주인　마르띤 무뇨스 경,
고명한 부르고스인　마르띤 안똘리네스 경,
명민한 사제이신　헤로니모 주교,
알바로 알바레스와　알바로 살바도레스,
훌륭한 기사인　무뇨 구띠오스,
아라곤 출신의　갈린도 가르시아,
이들 모두　전사와 동행할 준비를 하네.
거기 있는 모든　다른 사람들과 함께.
알바로 살바도레스와　아라곤 출신의 갈린도 가르시아,
이 두 사람에게　전사께서 명하시네.
발렌시아를　열과 성을 다해 잘 지키라고.
거기 남아 있는 모든 이들을　잘 거느리고.
시드께서 명령하시네,　궁문은
절대 아무도 열지 못하게 하라고,　밤이건 낮이건 간에.
그 안에 그의 아내와　두 딸이 있기 때문이라네.
[그녀들은][34] 그의 영혼과　마음의 주인이라네.
그리고 그녀들을 정성껏 섬기고 있는　다른 시녀들도 있기 때문이라네.
훌륭한 남자로서　또 명령하시길,
그녀들 중 어느 누구도　왕궁을 벗어나선 안 된다네.
좋은 시기에 칼을 차신 이께서　돌아오실 때까지는.
발렌시아를 떠나자　박차를 가하시네.
튼튼하고 잘 달리는　수많은 말들이 오른 쪽에서 달리고 있네.
이 말들은 시드께서 선물로 받은 게 아니라　전장에서 빼앗은 것들이라네.

34) 역자 첨가.

그렇게 가시네,   왕과 약속한 회담장으로.
하루 먼저   알폰소 왕이 도착하셨네.
훌륭한 전사가   오는 것을 보시자,
성대하게   그를 맞으러 나오시네.
좋은 시기에 태어나신 이께선   그를 보시자
전 부하들에게   정지하라 명하시네.
진심으로 신뢰하는   기사 몇 명을 제외하곤.
열다섯 명의 기사를 대동하시곤   땅에 내리시네.
좋은 시기에 태어나신 이께서   명령하신 대로,
두 무릎과 손을   땅에 대고
들판의 풀을   이빨로 씹으시네.
두 눈에선   기쁨의 눈물을 흘리시며
충성을 맹세하시네,   자신의 주군인 알폰소 전하께.
이렇게   그의 발아래 머리를 조아리시네.
이에 알폰소 왕은   깊이 뉘우치며 말씀하시네.
-일어서라,   전사 시드여.
짐의 발이 아니라   손에 입을 맞추라.
그리하지 않으면   짐의 신임을 얻지 못할 것이로다.
그러나 전사께선   계속 무릎을 꿇고 있네.
-주군이신   전하께 자비를 청하옵나이다!
이렇게 무릎 꿇고 간청 드리오니   전하의 신임을 다시 내려 주소서.
여기 있는 모든 이들이   다 들을 수 있도록 말이옵니다.
전하께서 대답하시길,   *-기꺼이 그리하겠노라.*
짐은 이 자리에서 그대를 사면하고   짐의 신임을 다시 내리노라.
지금 이 순간부터   짐의 전 왕국에서 말이로다.
시드께선   이렇게 대답하시네.
-주군이신 알폰소 전하,   성은이 망극하나이다.
하늘에 계신 주님께 감사드리고,   전하께도 감사드리옵니다.

그리고 이 자리에 계신   모든 분들께도 말이옵니다.
무릎을 꿇은 채   그의 손에 입을 맞추시고,
일어서서는   그의 얼굴에 입을 맞추시네.
다른 모든 이들도   이를 기뻐하네.
그러나 알바로 디아스와   가르시아 오르도녜스만은 침통하다네.
시드께선   이렇게 말씀하시네.
-주님께   감사드리나이다.
주군이신 알폰소 전하의   신임을 다시 얻었으니
주님께서도 소신을 굽어 살피실 것이옵니다,   낮이건 밤이건 간에.
전하, 괜찮으시다면   소신의 손님이 되어 주소서.
전하께서 대답하시길,   *-오늘은 적절치 않도다.*
그대는 오늘 도착했고,   우린 어제 밤에 왔으니
전사 시드여,   그대가 짐의 손님이 돼야 할 것이로다.
내일은 그대가 원하는 대로   할 것이로다.
시드께선 그의 손에 입을 맞추시고   그 말씀에 따르시네.
그 때 까라온의 공자들이   그에게 와 인사를 올리네.
-시드시여, 인사올리나이다,   그댄 좋은 시기에 태어나셨나이다!
우린 할 수 있는 한   그대 편에 서겠나이다.
이에 우리의 시드께서 대답하시길,   *-주님께서 명하시는 것이라면!*
시드 루이 디아스,   좋은 시기에 태어나신 이께선
그 날   왕의 손님이 되셨다네.
[왕은][35] 그를 싫증내지 않으셨다네,   그를 진심으로 좋아하셨으니까.
그렇게 빨리 무성하게 자란   그의 수염을 보곤
거기 있던 모든 이들이   우리의 시드께 탄복했다네.
날이 저물어   밤이 되었다네.
다음 날 아침,   태양이 밝게 떠오르네.

---

35) 역자 첨가.

전사께서 병사들에게 명령하시네.
거기 온 모든 이들을 위해 음식을 준비하라고.
그렇게 전사 시드께선 그들을 대접하셨네.
모두 기뻐하며, 한 마음이 되었다네.
그렇게 잘 먹어본 지 벌써 3년이 지났다네.
다음 날 아침, 태양이 떠오르자
헤로니모 주교께서 미사를 올리시네.
미사가 끝나자 모두 모이네.
전하께선 지체 없이 이렇게 말씀하시네.
-병사들이여, 백작들과 이하 귀족들 모두 잘 들으라!
짐은 전사 시드에게 한 가지 청이 있노라.
주께선 당신의 뜻이 모두 이루어지길 바라시도다.
그대의 두 딸 엘비라와 솔을
까리온의 공자들에게 아내로 주길 청하노라.
짐이 보기에 이 결혼은 아주 명예롭고 유익하도다.
저들은 그대에게 청혼했고 짐은 그대에게 이를 명하노라.
사방에서 모인 이 자리에 있는 모든 사람들,
짐의 부하들과 자네 부하들 모두 바라 마지 않도다.
시드여, 승낙해 주게나, 주께서 자넬 굽어살피시길!
전사께서 대답하시네. *-소신의 딸들은 아직 혼기가 차지 않았나이다.*
나이가 많지 않아 아직 어리나이다.
까리온의 공자들은 명망 높은 가문 출신이라
소신의 딸들에겐 과분하며, 더 좋은 혼처도 있을 것이옵니다.
두 딸들은 소신이 낳았으나, 전하께서 기르셨사옵니다.
소신이나 제 딸들이나 모두 전하의 처분에 따를 뿐이옵니다.
엘비라와 솔 모두 전하의 뜻대로 하소서.
전하께옵서 원하시는 사람에게 주소서, 소신은 따를 것이옵니다.
전하께서 대답하시네, *-고맙도다, 자네와 이 모든 궁정에.*

까리온의 공자들은　　즉시 일어나
좋은 시기에 태어나신 이의　　손에 입을 맞추고
알폰소 왕 앞에서　　[약혼의 표시로][36] 서로 칼을 바꾸네.
알폰소 왕이　　훌륭한 주군으로서 말씀하시네.
-고맙도다, 훌륭한 시드여,　　그러나 먼저 주님께 감사드리노라.
자네 두 딸을 짐에게 맡겨　　까리온의 공자들에게 시집보내게 되었으니.
짐은 이제부터 엘비라와 솔의　　후견인이 되어
까리온의 공자들에게　　성대하게 시집보내겠노라.
짐은 자네의 딸들을　　자네의 동의하에 결혼시키겠노라.
주님께 청하노니,　　자네가 기꺼이 받아들이길 바라노라.
자, 이제 까리온의 공자들은　　자네 처분에 맡기겠노라.
저들은 자넬 따라가고,　　난 돌아가겠노라.
짐은 저들에게 은화 삼백 마르꼬를　　내리겠노라.
결혼 비용으로 쓰거나　　자네들이 원하는 데 쓰기 바라노라.
모두 자네의 영지인　　발렌시아에 가면
사위와 딸들　　모두 이제 자네 자식일세.
전사여, 저들과　　기쁜 일만 있게 되길 바라노라.
시드께선 그들을 맞아들이시고　　왕의 손에 입을 맞추시네.
-성은이 망극하옵니다,　　전하!
전하께옵선 제 두 딸을 결혼시키셨나이다,　　[전하 덕이 아니었으면][37] 전 그리 하지 못했을 것이옵니다.
약속을 하고,　　맹세를 하네.
다음 날 아침,　　태양이 떠오르자
각자 왔던 길로　　되돌아가네.
이 때 우리의 전사 시드께선　　훌륭한 일을 하시네.

36) 역자 첨가.
37) 역자 첨가.

훌륭한 노새들과   멋진 시종 마들,
2116 그리고 매우 값진   훌륭한 옷들을
2115 우리의 시드께서는 원하는 사람들에게   선물로 주시네.
2117 원하는 사람은 어느 누구도   안 된다는 말을 듣지 않았다네.
시드께선   말 육십 필을 선물로 내리셨다네.
회담장에 참석했던   모든 이들이 기뻐하며
2120 떠나가려 하네,   밤이 깊었다네.
전하께선 공자들의   손을 잡고
전사 시드에게   넘겨주시네.
-자, 이제부터 자네 자식들일세,   자네 사위들이 되었으니까.
명심하게나, 전사여,   오늘부터 저들은 자네가 알아서 하게.
저들이 자넬 아버지처럼 따르고   주군을 섬기듯 자넬 존경하길 바라네.
2125 *-망극하옵니다, 전하,   전하의 청을 받들겠나이다.*
하늘에 계신 주님께서   전하께 좋은 보답을 내리시길 바라나이다.

105

2131 *전하께   청이 하나 있나이다.*
전하의 명대로   소신의 딸들을 결혼시켜주셨으니
전하를 대신해 소신의 딸들을 보낼   대리인을 한 명 지명해주소서.
소신의 손으로 직접 제 딸들을 건네지 못하오니,   자랑스럽지 못할 것이옵니다.
2135 이에 전하께서 대답하시네.   *-여기 알바르 파녜스 경이 있도다.*
자네가 손수 그녀들의 손을 잡고   공자들에게 건네주도록 하라.
짐이 그렇게 하듯이,   마치 짐이 앞에 있듯이 말일세.
결혼식 내내   그녀들의 대부가 되라는 말일세.
그대가 다시 짐과 만나게 되면   다 얘기해줘야 하네.

알바르 파네스 경께서 대답하시네.　　*-성심을 다해 받들겠나이다, 전하.*

106

이 모든 일이,　　알아두시라, 아주 세심하게 진행됐다네.
-명예로우신 주군이신　　알폰소 전하,
우리가 갖은 이 회동을　　잘 기억해 주소서.
전하께　　마구가 잘 갖춰진 시종 마 서른 필과
훌륭한 안장을 얹은　　준마 서른 필을 바치나이다.
이것들을 받아주소서,　　전하의 손에 입을 맞추나이다.
알폰소 왕께서 말씀하시네.　　*-그댄 짐을 무척 벅차게 하는 도다.*
그대가 짐에게 보내는 것이니　　이 선물을 받겠노라.
주님과　　모든 성자들께
그대가 짐에게 보내준 이 기쁨이　　꼭 보상받게 해 달라고 기도드리겠네.
시드 루이 디아스여,　　자넨 짐의 명예를 드높여 주었도다.
짐을 이토록 잘 섬겼으니　　짐은 매우 만족스럽도다.
짐이 오래도록 살아　　자네에게 보답하게 되길 바라노라!
이제 주님께 자넬 맡기고　　짐은 여길 떠나려네.
하늘에 계신 주님께서　　우리 모두를 굽어 살피시길!

107

시드께선 애마 바비에까에　　올라타시네.
-여기 저의 주군이신　　알폰소 전하 앞에서 말씀드리오니,

결혼식에 참석해　　저의 선물을 받고 싶은 사람은
저를 따라 오시오,　　그러면 제가 호의를 베푸리다.
시드께서 주군인 알폰소 전하께　　작별을 고하시네.
그가 나오는 걸 원치 않아　　즉시 떠나가시네.
여러분들은 저 기사들,　　멋진 기병들이
왕의 손에 입을 맞추고는　　하직하는 모습을 상상해보시라.
-자비를 베푸시어　　용서하소서.
소신들은 시드의 휘하에 끼어　　발렌시아로 가
까리온 공자들의　　결혼식에 참석할 것이옵니다.
시드의 딸인　　엘비라와 솔의 결혼식 말이옵니다.
이에 전하께선 기꺼이　　모든 이들에게 허락하시네.
시드의 일행은 늘어나고　　왕의 일행은 줄었다네.
전사를 따르려는　　병사들 수가 많아졌다네.
모두 발렌시아로 향하네,　　적절한 시기에 정복하신 도시로.
우리 시드께서 페르난도와 디에고를　　잘 돌보라 명하시네.
뻬드로 베르무데스와　　무뇨 구띠오스에게.
-시드 가문에서　　이 둘보다 더 훌륭한 이들은 없다네-
또한 까리온 공자들의　　습관도 잘 알아두라 명하시네.
저기 아수르 곤살레스가 가고 있네,　　말썽장이에다
입이 가벼운 자지만　　다른 사람에게 해를 끼치진 않는다네.
그들은 까리온의 공자들을　　정중히 대하네.
발렌시아,　　시드께서 정복하신 도시에 도착하네.
도시가 가까워 오자,　　모두 기뻐 환호하네.
시드께서 뻬드로와　　무뇨 구띠오스에게 말씀하시네.
-까리온의 공자들에게　　숙소를 마련해주고
그들과 함께 머물게,　　자네들에게 맡기겠네.
내일　　해가 뜨면
신부가 될　　엘비라와 솔을 만나게 해주게.

108

그 날 밤 모두　　자신들의 집으로 돌아갔네.
전사 시드는　　궁성으로 들어가네.
히메나와　　두 딸이 그를 맞이하네.
-어서 오세요, 전사시여.　　좋은 시기에 칼을 차신이여!
오랫동안　　이 두 눈으로 그댈 다시 보고 싶었나이다!
-주님 덕분에　　이렇게 무사히 돌아왔소, 사랑하는 아내여!
내 그대에게　　우리 명예를 드높일 사위들을 데려왔소.
얘들아,　　내 너희들을 훌륭하게 결혼시키게 되었으니 감사하거라!

109

아내와 두 딸은　　그의 손에 입을 맞추네.
그녀들을 섬기고 있는　　시녀들도 모두 그리하네.
-주님과 멋진 수염을 기르신 시드여,　　모두 당신 덕분이옵니다!
당신께서 하시는 모든 일은　　다 좋습니다.
당신께서 살아계신 한　　우리 두 딸은 아무 것도 부족한 게 없을 겁니다!
-저희들을 결혼시켜주시면,　　저흰 부유하게 살게 될 거예요.

110

-모두 주님 덕분이오,　　히메나.

그리고 엘비라와 솔아,　　너희들에게 할 말이 있다.
이 결혼으로　　우린 명예가 올라갈 것이다.
그러나 잘 알아두어라,　　이건 내 손으로 이룬 게 아니란다.
주군이신 알폰소 전하께서　　너희들을 청하시었다.
아주 강력하고　　진솔하게.
해서 난 아무 것도　　전하께 싫다고 대답할 수 없었다.
딸들아, 내 너희들을　　전하의 손에 맡겼으니,
나를 믿거라,　　너희들을 결혼시키는 건 내가 아니라 전하시니라.

111

궁성을　　치장하기 시작하네.
바닥엔 양탄자가 깔리고,　　벽들은 모두 커튼으로 장식되네.
얼마나 많은 자줏빛 옷과 비단과　　값진 천들인가!
여러분들도 그런 궁성에서　　먹고 사는 걸 꿈꿔보시라!
그의 모든 기사들이　　서둘러 모이네.
까리온의 공자들을 부르러　　보내자
공자들이 말을 달려오네,　　궁정으로 달려오네.
화려한 옷과　　값진 장식으로 치장한 채
말에서 내려 흐뭇하게,　　오 주여, 얼마나 정중하게 들어오는지!
시드께서 그들을 맞이하시네,　　모든 기사들과 함께.
시드와 그의 아내에게　　앞에 나가 예를 갖춘 후
값진 의자에　　가서 앉네.
시드의 부하들은 모두　　매우 신중하게
바라보네,　　좋은 시기에 태어나신 이를.
전사께서　　일어나 말씀하시네.

-우린 이 일은 해야 하는데,　　지체할 이유가 뭐 있겠는가?
이리오라, 알바르 파네스,　　내가 사랑하고 신뢰하는 이여!
여기 내 두 딸이 있으니　　자네 손에 맡기겠네.
자네도 알다시피,　　내 이미 전하께 약속했네.
합의된 모든 것들 중　　아무 것도 어기고 싶지 않도다.
까리온의 공자들에게　　내 딸들을 자네 손으로 넘겨주게.
축복을 받도록 말이야,　　그리고 예식을 끝내세.
미나야께서 이렇게 대답하시네,　　*-기꺼이 그리하겠나이다.*
그녀들이 일어나자　　시드께선 그녀들을 미나야의 손에 넘겨주시네.
미나야께선 까리온의 공자들에게 가　　말씀하시네.
-그대들 두 형제는　　나 미나야 앞에 서게.
내게 분부하신 대로,　　알폰소 국왕 전하를 대신해
자네들에게 이 숙녀를 맡기겠네,　　-이 둘은 모두 귀족 자녀라네-.
그러니 자네들 둘은 이 두 숙녀들을　　영광되고 진정으로 부인으로 맞이하기를 바라노라.
둘은 그녀들을 맞아들이네,　　기꺼이 그리고 사랑으로.
시드와 그의 아내에게 가　　손에 입을 맞추네.
예식이 끝나자,　　궁성을 나서
산따 마리아 성당으로　　서둘러 가네.
헤로니모 주교께선　　급히 옷을 입고
교회 문 앞에서　　그들을 기다리시네.
그들에게 축복을 내리시고　　미사를 올리시네.
일행은 교회에서 나와　　말을 달려
발렌시아 백사장으로　　달려가네.
주여, 시드와 그의 부하들이　　창을 얼마나 잘 놀리는지!
좋은 시기에 태어나신 이께선　　말을 세 필이나 바꿔 타셨다네.
우리의 시드께서 모든 광경을 보시고는　　매우 흡족해 하시네.
까리온의 공자들도　　말을 썩 잘 탔다네.

부인들을 데리고 돌아오네,   발렌시아로 들어오네.
결혼식은 성대하게 치러졌다네,   화려한 궁성에서.
다음 날 시드께선   판 일곱 개를 세우게 하시네.
그러나 식사가 시작되기도 전에   한방에 다 부숴버리셨다네.
결혼 축하연은   보름 동안이나 계속됐다네.
보름 후   귀족들은 떠나기 시작하네.
시드 돈 로드리고,   좋은 시절에 태어나신 이께서는
시종 마와 노새들,   준마들 중에서
다른 가축들은 신경도 안 쓰고   백 마리를 선물하시네.
망토와 모피,   그리고 다른 많은 의복들도.
돈은   셀 수조차 없다네.
시드의 부하들도   기꺼이 동의하네.
각각에게   자기들의 선물이 주어지는 것에.
돈 받기를 원하는 이는   듬뿍 받아
부자가 되어 까스띠야로 돌아간다네,   결혼식에 참석했던 사람들 모두.
손님들이   떠나가네.
루이 디아스, 좋은 시기에 태어나신 이께   작별을 고하네.
그리고 모든 숙녀들과   귀족들에게도.
우리의 시드와 부하들에게   감사하며 떠나가네.
모두 그들을 칭송하네,   모든 게 다 적절했기 때문이라네.
디에고와 페르난도도   매우 기뻐하네.
이들은 곤살로 백작의   아들들이라네.
손님들이   까스띠야로 돌아가고
시드와 그의 사위들은   발렌시아에 남네.
공자들은   이년 정도 더 머물 거라네.
그들에게 베푼 환대는   대단했다네.
우리의 시드께선 흡족해 하시네,   그의 모든 부하들도.
성모 마리아와   하느님 아버지께서도 기뻐하시고,

시드와 이 결혼을 주선하신 전하께서도　　이 결혼에 만족하시길!
이 노래는　　여기서 끝나네.
주님과 모든 성자들께서　　그대들을 굽어 살피시길.

두 번째 노래 끝

3

세 번째 노래

꼬르뻬스 숲 속에서의 모욕

세 번째 노래

꼬르뻬스 숲 속에서의 모욕

112

우리의 시드께선 모든 부하들과　　발렌시아에 머무시네.
두 사위인　　까리온의 공자들도 그와 함께 있다네.
전사께서 안락의자에 비스듬히 기댄 채　　낮잠을 주무시고 계실 때,
알아두시라, 그 분께　　갑작스러운 일이 생겼다네.
사자 한 마리가 풀려나　　우리에서 뛰쳐나왔다네.
전 궁정이　　공포에 휩싸였네.
전사의 부하들은　　망또를 벗어들고
의자 주위를 에워싸　　주군을 지키네.
까리온의 공자인　　페르난도 곤살레스는
접견실에서도 성탑에서도　　숨을 만한 곳을 찾지 못하자
공포에 질려　　의자 밑으로 기어들어 갔다네.
디에고 곤살레스는　　문을 뛰쳐나가며
소리를 지르네.　　*-아, 이제 다시는 까리온을 못 보겠구나!*
겁에 질려　　압착기 기둥 뒤에 처박혀
망또와 도포가　　온통 먼지투성이가 되었다네.
이 때 좋은 시기에 태어나신 이께서　　깨어나시어
자신의 훌륭한 기사들이　　의자 주위를 에워싸고 있는 것을 보셨다네.
-무슨 일인가, 제장들.　　무슨 일인가 말이야?
-저, 주군.　　사자가 뛰쳐나왔나이다.
시드께선 팔꿈치로 짚고　　일어서시더니

망또를 목에 두르시고 　[서슴없이][38] 사자에게 다가가시네.
사자는 그를 보자 　꼬리를 감추곤
머리를 숙이고 　주둥이를 땅에 처박네.
우리의 시드 돈 로드리고께선 　목덜미를 잡아
손으로 끌고 가 　다시 우리 안에 처넣으셨다네.
그 자리에 있던 사람들은 　모두 놀라 경탄해마지 않으며
궁정 　제자리로 돌아가네.
시드께서 사위들 　안부를 물었으나 찾을 수가 없었네.
큰 소리로 불러보았지만, 　아무도 대답하지 않았다네.
그들을 찾았을 때는 　낯빛이 창백해져 있었다네.
여러분들께서는 궁정이 　얼마나 웃음바다가 되었는지 그런 모습은 보지 못했으리라!
전사 시드께서 　금하실 정도였다네.
까리온의 공자들은 　무척 수치스럽게 여기며
이 번 사건으로 　앙심을 품게 되었다네.

113

그들이 이 사건으로 　꽁하게 의기소침해져 있을 때
모로코의 대군이 　발렌시아를 포위하고
꾸아르또 평원에 　진을 쳤다네.
세워진 군막이 　오만 개도 넘었다네.
그대들도 들어보셨겠지만, 　그 자는 바로 부까르 왕이라네.

38) 역자 첨가.

114

시드와 그의 모든 부하들은   기뻐하네.
주께서 굽어 살피시어,   자신들의 재산이 더 늘어나게 생겼기 때문이라네.
그러나 알아두시라, 까리온의 공자들에겐   큰 걱정거리라네.
모로인들의 저 많은 군막을 보자   입맛이 싹 가셨다네.
두 형제는   따로 떨어져 얘기를 나누네.
-우린 이득만 생각했지   손해는 생각지 않았잖아.
우리도 이 전투에   참가해야 될 거야.
그러면   까리온도 다신 못보고
시드의 딸들도   과부들이 되겠지.
이 은밀한 말을   무뇨 구스띠오스가 들었다네.
즉시 시드께로 와   알리네.
-두 사위께선   대담하게
전투에 참가하는 대신   까리온으로 돌아가고 싶어 하십니다.
가서 위로해 주소서.   주께서 그댈 굽어 살피시길!
전투에 참가하지 않고   가만히 있어도 된다고요.
저흰 장군과 함께 적들을 물리칠 것이며,   주께서 저흴 돌보아주실 겁니다.
시드 돈 로드리고께서   미소를 지으며 나오시네.
-까리온의 공자들인   나의 사위들아, 주께서 너흴 굽어 살피시리라.
너흰 태양처럼 맑은   나의 두 딸을 품에 안고 있도다!
난 싸움에 나설 것이니,   너흰 까리온으로 돌아가거라.
우선은 발렌시아에서   편히 쉬고 있거라.
내 저 모로인들에 대해   잘 알고 있으니
주님의 가호로   난 저들을 쳐부술 것이로다.

115

[이 부분에서 다시 원본 일부가 유실되었다. 따라서 아래 내용은 『20왕 연대기』에서 보충해 넣은 것이다.]

그들이 이런 얘기를 나누고 있는 사이, 부까르 왕은 사자를 보내 시드에게 발렌시아를 내놓고 조용히 물러가라고 경고한다. 그렇지 않으면, 그간 한 짓에 대해 톡톡히 대가를 치를 것이라고도 경고한다. 그러자 시드는 사자에게 말하길, "원수 부까르 왕에게 가 전하라. 내 삼일 이내에 그가 원하는 대로 해주겠노라고 말이다."

다음 날 시드는 모든 병사들에게 무장을 갖추라 명하고 공격에 나선다. 그러자 까리온의 공자들은 그에게 선봉에 서게 해줄 것을 청한다. 시드가 전열을 다 정비하자, 공자들 중 한 명인 페르난도가 돌진해 알라다르프라는 모로인을 공격한다. 모로인도 그를 보자 맞받아쳐 나온다. 이에 공자는 겁에 질려 감히 기다리지 조차 못하고 말머리를 돌려 도망쳐 버린다. 그러자 뻬드로 베르무데스가 이를 보고 급히 뒤 쫓아가 모로인을 공격해 죽인다. 그리고 그 모로인의 말을 붙잡아 도망치고 있는 공자의 뒤를 쫓아가 말한다.

-페르난도, 이 말을 끌고 가 모두에게 자네가 이 말의 주인을 죽였노라고 말하게. 내 자네 편에 서서 증인이 돼 주겠네.

이에 공자가 말하네. *-뻬드로 베르무데스 형님, 감사합니다.*[39]

2338 *-형님께 배로 갚아 드릴 수 있는　　날이 오게 되길 바랍니다.*
둘은 함께　　돌아오네.

---

39) 역자 주: 뻬드로 베르무데스는 시드의 조카이므로 까리온의 공자들과는 사촌 처남 매부 사이가 된다. 까리온의 공자들은 백작 가문의 자손들이므로 당시의 신분제 사회에서는 아무리 손아래 처남이지만 함부로 하대할 수는 없었겠지만 생동감을 살리고 가문 내의 위계를 밝히기 위해 이러한 호칭을 붙인 것이다.

빼드로는　　페르난도가 얼마나 칭찬 받을 만했는지 증언해주네.
시드와 그의 모든 부하들은　　기뻐하네.
-하늘에 계신　　주께서 굽어 살피시어,
나의 두 사위는　　훌륭한 전사가 될 것이로다.
이렇게 말하는 사이　　병사들이 모여드네.
모로족 진영에선　　북소리가 크게 울리네.
많은 기독교도들이　　깜짝 놀랐다네.
새로 온 자들이 많아　　그 소릴 처음 들어보기 때문이라네.
디에고와 페르난도는　　더 오금이 저렸다네.
자신들의 의지로　　거기 온 게 아니기 때문이라네.
여러분들께선 좋은 시기에 태어나신 이께서　　말씀하시는 걸 들어보시라.
-오, 빼드로 베르무데스,　　내 사랑하는 조카여!
디에고와　　페르난도를 잘 돌보거라.
둘 다 내 무척 사랑하는　　사위들이로다.
주님의 가호로 모로인들은　　전장에서 한 놈도 살아남지 못할 것이로다.

116

-진정 백부님께 청하오니,　　시드시여,
전 오늘 까리온 공자들의　　보호자로 나서지 않을 것이옵니다.
원하는 이에게 저들을 맡기소서,　　제겐 맞지 않나이다.
전 제 병사들을 거느리고　　선봉에서 서겠나이다.
백부님께선 부하들과　　후미를 치소서.
그래야 제가 위급해지면　　구해주실 수 있을 것이옵니다.
이 때 미나야 알바르 파녜스 경이　　들어오시네.
2361b *-시드, 충성스런 전사시여,　　제 말씀을 들어주소서!*

이 전투는 주께서 굽어 살피시고,
주님의 가호를 받는 형님께서 주관하고 계십니다.
저희에게 공격하라 명하소서, 형님께서 보시기에 적절한 곳을 말이옵니다.
하오면 각자 자신의 임무를 다할 것이옵니다.
주님과 그대 운에 한 번 맡겨보소서.
이에 시드께서 대답하시네. -좀 더 기다려보세.
이 때 헤로니모 주교께서 단단히 무장한 채 오시어
늘 행운이 함께하는 전사 앞에 서시네.
-난 오늘 그댈 위해 삼위일체의 미사를 올렸소.
난 내 나라를 떠나 그댈 찾아왔소.
모로인들을 죽이겠다는 일념에서 말이오.
내 종단과 이 두 손의 명예를 드높이고 싶소.
이 번 공격에서 선봉에 서고 싶소.
난 나의 군기와 표식이 새겨진 무기들을 가져왔소.
주님께서 허락하신다면, 그것들을 시험해 보고 싶소.
그러면 내 마음이 기쁠 것이며,
그대 시드여, 그댄 나를 더 높이 평가하게 될 거요.
내게 이 호의를 베풀지 않으면 난 그대 곁을 떠나겠소.
그러자 시드께서 대답하시네. -주교님 원하시는 대로 하소서.
모로인들이 바로 눈앞에 있으니 나가 시험하소서.
우린 여기서 주교님께서 어떻게 싸우시는지 감상하겠나이다.

117

헤로니모 주교께선 박차를 가해
저들의 진영으로 공격해 들어가시네.

자신의 행운과　　그를 사랑하시는 주님 덕에
첫 번째 공격에서　　모로인 둘을 죽이셨다네.
창이 부러지자　　검을 뽑아 드시네.
주교께선 계속 공격하시네.　　주여, 얼마나 용감하게 싸우시는지!
창으로 둘을 찔러 죽이시고,　　검으로 다섯을 베셨다네.
수적으로 우세한 모로인들이　　그를 에워싸고
공격을 퍼부었으나,　　그의 갑옷을 뚫지는 못했다네.
좋은 시기에 태어나신 이께서　　이를 보시자
방패와　　창을 움켜쥐시고
잘 달리는 준마,　　바비에까를 몰아
사력을 다해　　돌격해 들어가시네.
전사께선　　첫 열을 뚫고 들어가시어
일곱 명을 쓰러뜨리고　　네 명을 죽이셨다네.
주님께서도 기뻐하시네,　　이로써 적을 격퇴시켰기 때문이라네.
시드께선 부하들과　　뒤를 좇으시네.
여러분들께선 얼마나 많은 군막 끈들이 끊어지고　　말뚝들이 뽑혀 나갔는지,
그리고 저 정교하게 세공된 기둥들이　　얼마나 나뒹구는지 보시라!
마침내 시드의 병사들은 부까르의 병사들을　　그들 진영에서 몰아냈다네.

118

저들을 진영에서 몰아내고　　바짝 추격하네.
얼마나 많은 팔목들이 갑옷 째 잘려 나가　　여기저기 나뒹구는지,
얼마나 많은 머리들이 투구를 쓴 채　　전장에 나뒹구는지,
또 얼마나 많은 주인 잃은 말들이　　여기저기 헤매고 있는지 보시라!
칠 마일이나[40]　　뒤를 추격했네.

시드께선 부까르 왕을　　바짝 뒤 쫓아가 소리치시네.
-부까르, 바다 건너온 자여!　　*말머리를 돌려*
이 긴 수염의 전사 시드를　　*보아라.*
우린 서로 인사를 나누고　　*우정을 쌓을 수 있도다!*
그러자 부까르가 시드께 대답하길,　　*-신께서도 그런 우정은 헷갈려 하실 것이로다!*
넌 손에 검을 쥐고　　*말을 재촉하고 있지 않느냐.*
내 보기에　　*넌 그 검으로 나를 베고 싶어하고 있도다.*
그러나 내 말이 넘어져　　*나와 더불어 나뒹굴지만 않는다면*
넌 바다 한가운데까지 가도　　*나를 잡지 못할 것이로다.*
이에 시드께서 대답하시네.　　*-그렇게 되진 않을 것이로다.*
부까르의 말은 훌륭해　　무척 잘 달리네.
하지만 시드의 애마 바비에까는　　이를 금방 따라잡네.
우리의 시드께선 바닷가 삼 브라사 거리에서[41]　　부까르를 따라 잡으셨다네.
꼴라다를 뽑아들고　　한 방 내려치자
투구 위에 달린 루비 장식이　　떨어져 나가네.
투구가 잘리자　　무방비 상태가 된 그는
허리까지　　두 동강나네.
[그렇게 시드께선][42] 부까르,　　바다 건너의 왕을 죽이시고
금화 천 마르꼬 가치가 나가는　　명검 띠쏘나를 얻으셨다네.
전투에서 이기셨다네,　　이 굉장하고 대단한 전투에서.
이로써 시드와　　그를 따르는 모든 이들의 명예가 더 높아졌다네.

---

40) 역자 주: 로마에서는 1마일이 1,478미터이므로 약 10,346미터에 해당한다. 로마의 1마일은 한 걸음 (1 paso)의 천배에 해당하는 단위로써, 현재의 1마일(1,609미터)와는 상이하다.

41) 역자 주: 1브라사는 1.6718미터이므로 약 5미터 정도에 해당한다. 브라사는 본래 brazo (팔, 팔뚝)에서 나온 것으로써, 로마에서 성인 남자가 두 팔을 활짝 벌렸을 때 중지와 중지 사이의 거리에 해당하는 단위이다.

42) 역자 첨가.

119

일행은 전리품을 거두어 　　돌아오네.
알아두시라, 모두 철저하게 　　전장을 거두었다는 것을.
좋은 시기에 태어나신 이와 함께 　　군막에 도착하네.
우리의 시드 루이 디아스, 　　고명하신 전사와 함께.
시드께선 그토록 고귀한 　　두 자루의 검을 갖고
전장을 　　전속력으로 달려오시네.
주름진 얼굴 　　쇠 그물 두건은 뒤로 젖히시고,
머리엔 너울진 　　속 모자만 쓰신 채 달려오시네.
사방에서 　　부하들이 속속 모여드네.
그 때 시드께선 　　자신을 기쁘게 하는 장면을 보셨다네.
눈을 들어올려 　　앞을 응시하시니
저기 　　디에고와 페르난도가 오고 있다네.
그 둘은 　　곤살보 백작의 아들들이라네.
우리의 시드께선 기뻐 　　만면에 웃음을 띄시네.
-어서 오라, 내 사위들아. 　　자네 둘은 내 자식들이로다!
내 자네들이 　　잘 싸웠음을 잘 알고 있도다.
까리온으로 자네들에 관한 　　좋은 소식이 갈 것이다.
우리가 부까르 왕을 　　어떻게 물리쳤는지 말이다.
내 주님과 　　모든 성자들께 청하노니,
우리 모두 이 승리를 　　기뻐할 것이로다.
이 때 미나야 알바르 파네스 경이 　　돌아오시네.
목에 대고 있는 방패는 　　온통 칼자국이라네.
창질에는 　　신경조차 쓰지 않았다네.
그를 찔렀던 자들은 　　아무 것도 얻지 못했다네.
팔꿈치를 타고 　　선혈이 뚝뚝 떨어지네.

스무 명도 더 되는 모로인들을 쳐 죽였기 때문이라네.
-하늘에 계신 주여, 감사드리나이다!
그리고 시드시여, 좋은 시기에 태어나신 형님께도 감사드리나이다!
형님께선 부까르를 죽이셨고, 우린 전투에서 승리했나이다.
이 모든 재산은 형님과 부하들의 것이옵니다.
형님의 사위들도 오늘은 뛰어나게
모로인들과 전장에서 용감히 잘 싸웠나이다.
이에 시드께서 대답하시네. *-나 또한 기쁘도다.*
오늘도 좋았지만, 앞으론 최고가 될 것이로다.
시드께선 솔직하게 하신 말씀이었으나, 저들은 이를 조롱하는 것으로 여겼다네.
모든 전리품이 발렌시아에 도착했네.
시드께서 기뻐하시네, 병사들도 모두 다.
각자의 몫이 은화 육백 마르꼬니까.
시드의 사위들은 이 전리품을 받자
이 승리에서 얻은 자기들 몫을 챙겨 넣고는
살아가는 동안은 결코 궁하지 않을 거라 생각하네.
발렌시아에선 모두 멋지게 차려입네.
맛있는 음식을 푸짐하게 장만하고 좋은 모피와 망또로 치장하네.
시드와 부하들 모두 기뻐하네.

120

전사의 궁정에선 대단한 날이라네.
전쟁에서 이기고 부까르 왕을 죽였으니까.
시드께선 손을 들어올려 수염을 쓰다듬으시네.

-세상의 주인이신　　주 그리스도 덕분에
난 내가　　원했던 걸 보았네.
전장에서 나의 두 사위가　　나와 함께 싸우는 것을 말일세.
그들에 관해 까리온으로　　좋은 소식이 갈 거야.
어떻게 명예와 재산을 얻었는지 말야,　　그건 우릴 더 명예롭게 할 것이로다.

121

모든 이들이 얻은　　재산이 엄청나다네.
이미 그들 몫인 것과　　지금 얻은 거 모두 잘 간수하네.
시드,　　좋은 시기에 태어나신 이께서 명령하시네.
이 번 싸움에서　　빼앗은 것을
각자 자신의 권리에 따라　　취할 것이며,
시드 자신의 몫 오분의 일을　　잊지 말라고.
모두 이에 수긍하고　　그리하네.
우리의 시드께는 그의 몫으로　　말 육백 필과
노새들과　　수많은 낙타들이 돌아갔네.
모두 너무 많아　　일일이 다 셀 수조차 없을 지경이라네.

122

이 모든 재산은　　시드께서 쟁취하신 거라네.
-세상의 주인이신　　주님께 감사드리나이다!
난 예전엔 가난뱅이였으나,　　이제는 부자가 되었도다.

2495 *재산과 땅,　부와 명예를 가졌고,*
까리온의 공자들이　내 사위가 되었도다.
또 주께서 기뻐하시도록　전투에서 이겼도다.
모로인이건 기독교도건　모두 나를 두려워하고 있도다.
저기 모로코,　회교 대사원이 있는 곳에서도
2500 *어느 날 밤　내가 갑자기 들이닥칠까 봐*
떨고 있을 것이로다,　난 생각지도 않고 있는데 말이야.
난 이 발렌시아에 머물지　거기까진 가지 않을 것이야.
주님의 가호 덕에,　저들은 내게 조공을 바쳐 올 것이다.
내게 직접 가져오거나　내가 보내는 사자에게 바칠 것이로다.
2505 저 위대한 발렌시아에선　기쁨이 넘쳐나네.
전사 시드와　모든 병사들의 기쁨이.
2508 용감하게 싸운　이 승리로 인해
2507 두 사위의　기쁨 또한 크다네.
2509 둘이 받은 게　오천 마르꼬나 된다네.
2510 까리온의 공자들은　부자가 된 기분이라네.
그들은 다른 기사들과 함께　시드의 궁정으로 향하네.
거기 헤로니모 주교께서　시드와 함께 계시네.
마음씨 좋은 알바르 파네스 경,　위대한 기사와
전사의 식객으로 있는　다른 많은 기사들도 있다네.
2515 까리온의 공자들이　들어서자
미나야께서 전사 시드를 대신해　그들을 맞이하시네.
-이리 오게, 조카 사위들.　자네들 덕에 우린 더 대단해졌어.
그들이 오자　시드께서도 기뻐하시네.
-자, 사위들아.　여기 내 고귀한 아내와
2520 *나의 두 딸　엘비라와 솔이 있네.*
자네들을 사랑으로 감싸고　진심으로 잘 섬길 것이로다.
2524 *우리 주님의 어머니이신　성모 마리아 덕분에*

2525 *자네들은 이 결혼으로 　　더 고귀해질 것이며*
까리온으로 　　좋은 소식이 갈 것이로다.

123

이 말에 　　페르난도가 대답하네.
-모두 주님과 　　명예로우신 시드님 덕분이옵니다!
저흰 셀 수 없을 만큼 많은 　　재물을 얻었나이다.
2530 *장인어른 덕에 명예를 얻었고 　　용감히 싸워*
2522 *전장에서 모로족을 물리치고 　　죽였나이다.*
2523 *저 철천지 원수 　　부까르 왕을 말이옵니다.*
2531 *이제 우리 것은 모두 안전해졌으니 　　다른 데에 신경 쓰소서.*
[이 말에][43] 시드의 부하들은 　　쓴웃음을 짓네.
누가 가장 잘 싸웠으며, 　　누가 추격전에 나섰었는가.
디에고와 페르난도는 　　그 자리에 없었다네.
2535 이 비웃음이 　　계속 일어
밤낮으로 　　조롱당하자
두 공자는 　　더 앙심을 품네.
둘은 은밀히 나가네, 　　친형제니까.
저들이 꾸미는 이 일에 　　우린 끼지 맙시다.
2540 *-우리 까리온으로 돌아가자. 　　여기서 너무 지체했어.*
우리가 얻은 재산이 　　어마어마하잖아.
우리 평생 　　다 쓰지도 못할 거야.

---

43) 역자 첨가.

124

전사 시드에게 우리 아내들을
까리온으로 데려가겠다고 청하자.
그녀들에게 예물로 준 땅을 보여주겠다고 말이야.
저들을 이 발렌시아, 시드의 보호 하에서 빼내 가잔 말이야.
그리고 나서 가는 도중에 우리 마음대로 하는 거야.
사자 사건을 추궁하기 전에 말이야.
우린 고귀한 혈통의 까리온 백작들이잖아!
이 엄청난 재산을 다 가져가고
저 전사의 딸들을 마음껏 조롱하자구.
-이 재산으로 우린 평생 부자가 되어
왕이나 황제의 딸들과 결혼할 수 있을 거야.
우린 까리온 백작 가문이잖아.
그렇게 전사의 딸들을 조롱하자구.
사자 사건을 추궁하기 전에 말이야.
이런 흉계를 꾸미고 둘은 돌아오네.
페르난도 곤살레스가 궁정을 조용히 시키고 말하네.
-전사 시드시여, 주께서 그댈 굽어 살피시길!
먼저 돈나 히메나와 장인어른을 기쁘게 하시길,
그리고 미나야 알바르 파네스 경과 이 자리에 계신 모든 분들께도.
축복 속에 맞이한 저희 아내들을 저희에게 맡겨 주소서.
저희 까리온으로 데려가
저희가 그녀들에게 예물로 준 재산을 보여주게 말이옵니다.
장인어른의 따님들은 우리가 소유하고 있는 재산을 보게 될 것이옵니다.
또한 우리가 낳을 자식들이 어떤 재산을 물려받을 지도 말이옵니다.
우리의 전사 시드께선 아무런 모욕감도 들지 않았다네.

-내 자네들에게 내 딸들과   재산 일부를 주겠노라.
자네들이 내 딸들에게   까리온의 마을들을 예물로 주었으니 말이야.
내 딸들에게   삼천 마르꼬의 가치가 나가는 혼수를 주겠노라.
자네들에겐 아주 튼실한   노새들과 시종마를 주고,
튼튼하고 날쌘   전투마들과
모직과 비단으로 된   많은 의복을 주겠노라.
두 명검,   꼴라다와 띠쏘나도 주겠노라.
자네들도 잘 알다시피 난 이 검들을   사내답게 얻었노라.
내 자네들에게 딸들을 주었으니   자네들은 둘 다 내 자식들이로다.
자네들이 내 마음을   도려내 가는구나.
갈리시아,   까스띠야와 레온에서 모두 알게 되길 바라노라.
내가 두 사위에게   어떤 재산을 주어 보냈는지 말이다.
이제 내 딸들은   자네들의 아내이니 잘 보살펴주기 바라노라.
잘 돌봐 준다면   내 자네들에게 더 좋은 보답을 내릴 것이로다.
까리온의 공자들은   이를 약속하고
시드의 딸들을   넘겨받네.
시드께서 주신 선물을   받네.
그들이 원한 바대로   만족하고
까리온의 공자들은   모두 실으라 명령하네.
대 발렌사이가   크게 술렁이네.
모두 창을 치켜들고   힘차게 말을 타고 나오네.
시드의 딸들이   까리온으로 떠나기 때문이라네.
말에 올라 타   작별 인사를 고하네.
두 자매,   엘비라와 솔은
우리의 전사 시드 앞에   무릎을 꿇네.
-아버님, 주님께서   아버님을 보호해 주시길 비나이다!
아버님께선 저흴 낳으셨고,   어머님께선 저흴 기르셨나이다.
두 분께선 저희 주인으로   앞에 계시나이다.

그리고 이제 저힐　　까리온으로 보내시나이다.
저흰 아버님께서 명하시는 대로　　그대로 따르겠나이다.
저희 둘은　　아버님께 청하오니,
까리온까지　　수행원을 붙여 주소서.
시드께선 두 딸을 끌어안고　　입을 맞추며 작별을 고하시네.

125

시드께서도 그리하셨지만　　어머니의 섭섭함은 배나 더하다네.
-잘 가거라, 얘들아.　　주님께서 보살펴주시길!
나와 너희 아버진　　너희를 진심으로 사랑한단다.
까리온으로 가거라,　　이젠 거기가 너희 집이다.
내 보기엔　　너희들을 잘 결혼시킨 듯하구나.
아버지와 어머니의　　두 손에 입을 맞추네.
그들 또한 두 딸에게 축복을 내리고　　거듭 애정을 표하네.
시드와 일행은　　말을 몰기 시작하네.
화려한 의복과　　말과 무기로 치장한 채,
드디어 공자들은　　발렌시아를 벗어나
시녀들과　　모든 일행들에게 작별을 고하네.
발렌시아 벌판에서　　창술 시범을 보이며
시드께선 즐거이　　일행과 함께 가시네.
그러나 좋은 시기에 칼을 차신 이께선　　불길한 징조를 느끼셨다네.
이 결혼이　　한 점 흠이 없지는 않을 거라는 것을.
그러나 후회해도 소용없다네,　　이미 두 딸을 결혼시켰으니.

126

-조카, 펠릭스 무뇨스 어디 있느냐?
넌 진정한 내 딸들의 사촌이로다.
네게 명하노니 저들을 따라가라, 까리온까지 말이다.
내 딸들에게 주어진 재산을 보고 와라.
그 소식을 갖고 돌아오란 말이다.
펠릭스 무뇨스가 대답하네, *-기꺼이 그리하겠나이다.*
미나야 알바르 파네스 경이 시드 앞에 나서시네.
-시드시여, 발렌시아로 돌아가십시다.
주님께서 허락하신다면
우리가 저들을 보러 갈 수 있을 것입니다, 까리온으로 말입니다.
-엘비라야, 솔아, 우린 너흴 주님께 맡기노라.
우리에게 기쁨을 줄 수 있도록 행동 하거라.
사위들이 대답하네. *-주께서 그리 해주실 것이옵니다!*
작별의 고통은 컸다네.
아버지는 두 딸을 끌어안고 뜨거운 눈물을 흘리네.
전사의 기사들 또한 그리하네.
-내 조카, 펠릭스 무뇨스야, 잘 듣거라.
몰리나로 가서 하루 밤 묵어라.
내 친구인 모로인 아벵갈본에게 안부도 전하고.
내 사위들을 최선을 다해 맞을 것이다.
그에게 내 딸들을 까리온으로 시집보내는 것이라고 전하고
필요한 모든 것을 기꺼이 내달라 이르라.
후에 나와의 우정을 생각해서 메디나까지 호위해 달라 하라.
내 그가 하는 것에 후하게 보답할 것이로다.
생살에서 손톱이 빠지듯 그들은 헤어지네.

좋은 시기에 태어나신 이께선　　발렌시아로 돌아오시고
까리온의 공자들은　　길을 떠나기 시작하네.
2645　산따 마리아 데 알바라씬에서　　하루 밤 묵은 다음
까리온의 공자들은　　최대한 길을 재촉하네.
벌써 몰리나,　　모로인 아벵갈본의 도시에 왔다네.
그는 이 소식을 듣자　　진심으로 기뻐하네.
야단법석을 떨며　　그들을 맞으러 나오네.
2650　주여, 얼마나 기쁘게　　그들을 맞이하든지!
다음 날 아침　　그들과 함께 말을 타고 떠나네.
이백 명의 기사들에게　　동행하라 명하네.
루쏜이라 불리는　　산을 넘고
2656　아르부후엘로를 지나　　할론 강 근처의
안사레스에서　　여장을 푸네.
2654　모로인은 시드의 딸들에게　　선물을 바치네.
2655　까리온의 공자들에겐　　훌륭한 말을 한 필씩 주네.
2658　모로인은 이 모든 걸　　전사 시드에 대한 존경심에서 한 거라네.
모로인이 꺼낸　　재산을 보고
2660　두 형제는　　한 가지 흉계를 꾸미네.
-우리가 이미 전사의 딸들을　　버리기로 했으니,
저 모로인 아벵갈본도　　죽여 버리세.
그러면 저 많은 재산이 다　　우리 게 될 거야.
우린 까리온에 있는 재산처럼　　안전하게 챙길 수 있을 거야.
2665　*전사 시드라 해도 우리 것에　　손대진 못할 거야.*
까리온의 공자들이　　이런 사악한 말을 주고받는 동안
그들의 말을 아는 한 모로인이　　다 들었다네.
그는 숨김없이　　아벵갈본에게 이를 고했네.
-영주님,　　저들을 조심하소서.
2670　*까리온의 공자들이　　영주님을 해치려는 음모를 들었나이다.*

127

모로인 아벵갈본은　　무척 신중한 사람이라네.
이백 명의 기사들과　　말을 달려
창 솜씨를 뽐내며 나가　　공자들 앞에 멈춰서네.
공자들은 이 모로인의 말에　　기분이 상하네.
2677 *-비바르의 시드 때문만　　아니라면*
내 그대들을　　온 세상에 소문내고
딸들을　　전사께 다시 데려갈 것이며,
2680 *그대들을 결코 까리온으로　　돌아가지 못하게 할 것이로다.*

128

2675 *까리온의 공자들이여, 말해 보오,　　내 그대들에게 무슨 나쁜 짓을 했소?*
난 그대들을 정성껏 대접했는데,　　그대들은 날 죽이려 획책하고 있소.
2681 *난 여기서 그대들,　　사악한 배신자들과 헤어지겠소.*
엘비라와 솔 양,　　허락해주시면 난 가겠소이다.
난 까리온 공자들의　　명성을 높이 평가하지 않소.
세상의 주인이신　　주께서 원하시어
2685 *전사께서 이 결혼을　　만족하시길 바라오.*
이렇게 말하고　　모로인은 돌아가네.
할론 강을 건널 땐　　창을 휘두르며,
분별력이 뛰어난 사람으로서　　몰리나로 돌아왔네.
까리온의 공자들은　　안사레라를 떠나
2690 밤낮으로　　계속 행군하네.

오른 쪽엔   굳건한 바위 성채 아띠엔사가 있다네.
일행은   미에데스 산맥을 지나
끌라로스 산에서   박차를 가하네.
왼쪽에 알라모 인들이 살았던   그리사가 있네.[44]
저기 엘파를 가두었던   동굴들도 있네.
오른 쪽으로 저 멀리   산 에스떼반이 보이네.[45]
공자들은   꼬르뻬스라는 떡갈나무 숲에 들어섰네.[46]
산은 높고   나뭇가지들은 구름을 찌르네.
사나운 산짐승들이   사방에서 어슬렁거리네.
깨끗한 샘이 솟는   풀밭을 찾아
까리온의 공자들은   천막을 치라 명하네.
데려온 모든 사람들과   그 말 밤 거기서 자네.
부인들을 품에 안고   사랑을 나누네.
그러나 다음 날 아침 태양이 떠오르자   아, 얼마나 나쁜 짓을 했던가!
노새에   많은 재물을 가득 싣고
밤 새 묵었던   천막을 거두라 명하네.
하인들과 친지들은   앞서 떠났네.
까리온의 공자들이   그리하라 시켰기 때문이라네.
남자든 여자든,   거기엔 아무도 남지 말라고,
그들의 아내인   엘비라와 솔 이외에는.
편하게   그녀들과만 있고 싶다고 핑계를 댔다네.
해서 모두 먼저 떠나고   그들 넷만 남았다네.
까리온의 공자들은   이렇게 나쁜 일을 꾸몄다네.

---

44) 역자 주: 현재의 몬떼호 데 띠에르메스 (Montejo de Tiermes). 소리아 (Soria)와 세고비아 (Segovia) 지방의 경계 지역에 위치.
45) 역자 주: 현재의 산 에스떼반 데 고르마스 (San Esteban de Gormaz). 소리아 (Soria) 지방에 속해 있다.
46) 역자 주: 현재의 까스띠예호 데 로블레도 (Castillejo de Robledo)에 위치. 이 도시는 소리아 (Soria) 지방에 속해 있으며 아란다 데 두에로 (Aranda de Duero) 남동쪽에 위치해 있다.

-잘 알아둬라,   엘비라와 솔.
여기 이 험한 산 속에서   너희들은 조롱당할 것이다.
우린 떠날 것이고,   너희들은 우리에게서 버림받을 것이다.
너희들은   까리온 땅에 한 발도 들여놓지 못할 것이다.
이 소식이   전사 시드에게로 가겠지.
그럼 우린   사자 사건에 대한 복수를 하게 되는 거야.
그 자리에서   망토와 모피 코트를 벗기자
몸엔   셔츠와 속옷만이 남네.
이 사악한 배신자들은   구두에 박차를 달고 있으며,
손엔   단단하고 질긴 말채찍을 쥐고 있네.
이를 보자,   솔이 말하네.
-주님의 이름으로 청하노니,   디에고, 페르난도여!
그대들은   단단하고 잘 드는 검을 갖고 있지 않소.
하나는 꼴라다이고,   다른 하나는 띠쏘나 아니오.
우리 목을 쳐주오,   그러면 우린 순교자가 될 거요.
모로인이건 기독교도건   모두 이 일에 대해 말하고 다닐 거요.
우린 그럴만한 가치가 있는 것을   받지 못했노라고.
이런 못된 짓을   우리에게 하지 마시오.
만약 우리가 매를 맞는다면,   당신 자신들을 추하게 만드는 거요.
법정에서든 궁정에서든   당신들에게 이 일을 추궁할 거요.
숙녀들이 애원했건만   저들에겐 아무 소용이 없었다네.
까리온의 공자들은   매질을 시작하네.
착착 감기는 말채찍으로   인정사정없이 내려치네.
날카로운 박차로는   가장 고통스러워하는 곳을 찌르네.
셔츠가 찢기고   살점이 떨어져 나가네.
선홍빛 피가 흘러나오네,   두 숙녀의 속옷 위로.
극심한 고통이   가슴 속 깊숙이 파고드네.
아,   주께서 굽어 살피시어

이때 전사 시드께서   짠 나타난다면 얼마나 좋을꼬!
심하게 매질을 당하자   의식을 잃네.
이미 셔츠와   속옷이 모두 피범벅이라네.
두 놈은   그냥 때리는 게 재미없어지자
누가 더 잘 때리나   내기를 하네.
엘비라와 솔은   이제 더 이상 말조차 할 수 없다네.
[두 놈은][47] 초주검이 된 그녀들을   꼬르뻬스 숲 속에 내버렸다네.

129

망토와 담비 모피를   빼앗네.
다 죽어 가는 그녀들을   속옷과 셔츠 바람으로 내던지네.
산새들과   사나운 짐승들의 먹이가 되도록.
알아두시라, 그녀들을 죽은 채로 내버렸다네.   살아 있다곤 볼 수 없으니까.
이 때 시드께서   짠 나타난다면 얼마나 좋을꼬!

130

까리온의 공자들은   그녀들을 죽은 것으로 여기고
아무도   돌아보지도 않았다네.
그자들은 가던 산길을   서로 칭찬하며 다시 가네.
-이제 우리 결혼을   멋지게 복수했어.

---

47) 역자 첨가.

2759-60 *-아무리 우리에게 애걸복걸했어도　　첩으로라도 받지 말았어야 했어.*
정식으로 결혼하기엔　　우리와 격이 맞지 않았잖아.
사자 사건의 치욕은　　이렇게 되갚은 거야.

131

까리온의 공자들은　　서로 칭찬하며 가네.
그러나 내 여러분들께　　저 펠릭스 무뇨스에 대해 말해드리겠소이다.
전사 시드의　　조카인 그는
앞서 가라 명했지만,　　기꺼이 그리하진 않았다네.
길을 가다　　왠지 가슴이 저려 와
일행으로부터　　슬쩍 떨어져 나왔다네.
펠릭스 무뇨스는　　깊은 숲 속에 몸을 숨기고
두 사촌 동생들이　　오는지,
까리온의 공자들이　　무슨 짓을 하려는지 보고 있었다네.
그들이 오는 것을 보고　　한 말을 다 들었다네.
그들은 그를 보지도 못했고　　아무 낌새도 눈치 채지 못했다네.
알아두시라, 만약 들켰다면,　　살아남지 못했으리라.
공자들이 지나가자　　박차를 가하네.
펠릭스 무뇨스는　　흔적을 따라 되돌아가네.
둘 다 초주검이 돼 있는　　사촌 누이들을 발견하곤,
-누이들, 누이들!하고 외치며,　　말에서 뛰어 내리네.
말을 잡아매고는　　그녀들에게 달려가네.
-누이들, 누이들,　　엘비라, 솔!
까리온의 공자 놈들이　　잔혹한 짓을 저질렀구나!
주께 청컨대,　　이 일로 놈들은 천벌을 받을 지어다!
그녀들을　　정신 차리게 하네.

그러나 그녀들은 완전히 실신해 있어   아무 말도 하지 못하네.
억장이   무너져 내리네.
-누이들, 누이들,   엘비라, 솔!
정신 차려라,   오, 주여!
해가 떠있는 동안,   밤이 되기 전에.
사나운 짐승들이   이 산 속에서 우릴 잡아먹지 못하게 말이야!
엘비라와 솔은   겨우 정신을 차리네.
간신히 눈을 뜨고   펠릭스 무뇨스를 바라보네.
-기운 차려라, 누이들아,   오, 주여!
까리온의 공자 놈들이   내가 없어진 걸 알면
곧바로   뒤 쫓아올 것이다.
주께서 굽어 살피시지 않으신다면,   우린 여기서 죽게 될 것이다.
솔이   극심한 고통을 참으며 말하네.
-오라버니, 우리 아버지이신 전사께서   오라버니께 보답하실 거예요.
물 좀 주세요,   주께서 오라버닐 굽어 살피시길!
펠릭스 무뇨스는   가지고 있던 모자로
-이는 새로 사 쓴 것으로   발렌시아에서 가져온 것이라네-
물을 떠다   사촌 누이들에게 주네.
심한 고통을 느끼고 있던 둘은   갈증을 푸네.
사정하다시피 해   겨우 둘을 일으키네.
둘을 위로하고   용기를 북돋아주고,
애를 써가며   둘을 잡아
친히   말에 태우네.
자신의 망토를 벗어   둘을 덮어주네.
급히 말고삐를 채   즉시 그 자리를 뜨네.
이 단 세 명이서   꼬르뻬스 떡갈나무 숲을 지나가네.
반나절 만에야   간신히 산을 빠져 나오네.
두에로 강변에   이르러

우라까 성채에 가서야[48]　　그녀들을 내려놓네.
펠릭스 무뇨스는　　산 에스떼반으로[49]
디에고 떼예스를 찾아가네,　　이 사람은 알바르 파녜스 경의 부장이라네.
그는 이 소식을 듣자　　가슴이 찢어지는 고통을 느끼네.
가축을 잡고　　좋은 옷을 마련해
엘비라와 솔을　　마중하러 나오네.
그들은 산 에스떼반으로　　들어갔다네.
그는 할 수 있는 한 최대한　　그녀들을 융숭히 대접하네.
산 에스떼반 사람들은　　언제나 친절해
이 얘기를 듣자　　진정으로 가슴 아파 하네.
그들은 시드의 딸들에게　　선물을 바치네.
그녀들은 거기에 머무네,　　다 나을 때까지.
[한편][50] 까리온의 공자 놈들은　　여전히 서로 칭찬하며 가고 있다네.
사방으로　　이 소문이 퍼져나갔다네.
이 소식은　　선왕 알폰소를 가슴 아프게 했다네.
이 소식은 또　　대 발렌시아로도 갔다네.
전사 시드께　　이를 보고 하자
한참 동안　　깊은 생각에만 잠기시네.
손을 들어 올려　　수염만 매만지시네.
-*세상의 주인이신　　그리스도여 축복 받으소서!*
까리온의 공자들이　　제게 이런 치욕을 안겨주었으나,
아무도 건드리지 못하는　　이 수염을 걸고 맹세하노니
까리온의 공자들은　　그 뜻을 이루지 못할 것이며,
전 제 딸들을　　훌륭하게 다시 결혼시킬 것이옵니다!

---

48) 역자 주: 현재 소리아(Soria) 지방의 소또 데 산 에스떼반 (Soto de San Esteban)에 위치해 있음. 해발 약 980여 미터의 구릉 위에 위치해 있어 사방의 두에로 강변을 잘 굽어 볼 수 있는 전략적 요지이다.
49) 역자 주: 우라까 성채에서 동쪽 인근에 위치해 있음.
50) 역자 첨가.

시드와　전 궁정이 가슴이 메이네.
알바르 파녜스 경도　진정으로 가슴 아파 하시네.
미나야께서　뻬드로 베르무데스와 말을 달려가시네.
고명한 부르고스 인인　마르띤 안똘리네스도 함께 가시네.
시드께서 내주신　이백 명의 기사들을 데리고.
그들에게 엄하게 명령하셨다네,　밤낮을 가리지 말고 달려가
자신의 두 딸을　대 발렌시아로 데려 오라고.
그들은 주군의 명령을　지체 없이 수행하네.
급히 말을 몰아　밤낮으로 달려가네.
굳건한 성채인　고르마스에 도착해
거기서　하루 밤을 묵네.
그 소식이 산 에스떼반에 닿았네.
미나야께서　두 조카들 일로 오고 계시다는 소식이.[51)]
산 에스떼반의 기사들은　정성을 다해
미나야와　그 일행을 맞이하네.
그 날 밤 미나야께　많은 공물을 바치네.
그러나 그는 고마워만 하고　받으려 하지 않으시네.
-산 에스떼반의 기사들이여, 고맙도다.　그대들은 아주 사려가 깊도다.
우리에게 닥친 이 일에서　그대들이 보여준 호의에
저 멀리 계시는 전사 시드께서도　무척 고맙게 생각하실 것이다.
여기 있는 나 또한　그를 대신해 감사를 표하는 바이다.
하늘에 계신 주께서　그대들에게 훌륭한 보답을 내리시길!
모두 그에게 감사하고　만족해 하네.
모두 잠자리에 들어　밤을 보내네.
미나야께선　조카들을 보러가시네.[52)]

---

51) 역자 주: 원문(2846행)에는 que vinie Minaya　por sus primas amas a dos라고 되어 있다. 그러나 이 노래에서 미나야는 시드의 사촌 동생이다. 따라서 그에게 엘비라와 솔은 조카이다.

52) 역자 주: 원문(2858행)에도 역시 Minaya va veer　sues primas do son이라고 되어 있으나, 이 역시 오류이다.

엘비라와 솔이　　눈을 들어 그를 바라보네.
-고마워요, 당숙을 뵈니　　마치 구세주를 만난 느낌이에요.
당숙께서도　　우리가 살아있는 걸 주님께 감사드려 주세요.
대 발렌시아에 가　　편히 쉬게 되는 날
2862b *우리의 이 모든 원통함을　　다 얘기할 거예요.*

132

두 조카와 알바르 파녜스 경은　　하염없이 눈물을 흘리네.
뻬드로 베르무데스가　　말하네.
-엘비라, 솔아,　　아무 걱정마라.
너희들은 이제 안전하니　　아무 일 없을 것이다.
훌륭한 결혼은 못하게 됐지만　　더 좋은 일이 있을 것이다.
우리가 복수할 수 있는　　날이 오게 되길!
그 날 밤은　　서로 위로하며 거기서 쉬네.
다음 날 아침　　말을 타고 돌아가네.
산 에스떼반 사람들이　　그들을 따라 나서네.
강변까지 배웅해　　그들을 기쁘게 하네.
거기서 작별을 고하고　　되돌아가네.
미나야께선 조카들과　　앞장 서 가시네.
고르마스를 오른 쪽에 두고　　알꼬세바를 지나네.
바도레이라는 곳을　　지나
베를랑가에서　　여장을 푸네.
다음 날 아침　　다시 길을 재촉해

미나야에게는 사촌이 아니라 조카들이다.

메디나셀리에서　하루를 더 묵고
다음 날엔 거기에서　몰리나로 가네.
모로인 아벵갈본이　진심으로 기뻐하네.
기꺼이　그들을 맞으러 나오네.
시드에 대한 존경의 표시로　푸짐한 저녁상을 차려오네.
거기서 발렌시아까진　곧장 달려가네.
좋은 시기에 태어나신 이께　이 소식이 들어갔다네.
급히 말을 타고　그들을 마중 나오시네.
창을 휘두르며　큰 기쁨을 표하시네.
시드께선 딸들을　끌어안고
입을 맞추며　미소를 지으시네.
-어서 오거라, 내 딸들아.　주께서 너희들을 악에서 구하셨구나!
이 결혼이 결정될 때,　난 감히 아무 말도 못했구나.
하늘에 계신　주께서 굽어 살피시어
이후　너희들이 더 좋은 결혼을 하게 되고
까리온의 공자 놈들에겐　내 복수할 수 있도록 허락해 주시길 비노라!
두 딸은 아버지의　손에 입을 맞추네.
모두 창술을 뽐내며　발렌시아로 들어가네.
어머니 히메나께서도　딸들을 보자 크게 기뻐하시네.
좋은 시기에 태어나신 이께선　지체 없이
수하들을 불러　은밀히 말씀하시네.
까스띠야의 알폰소 전하께　사절을 보내실 생각이라네.

133

-무뇨 구스띠오스, 어디 있는가?　나의 충성스런 신하여.

난 좋은 시기에 자네를　　내 궁정에서 키웠도다!
이 전갈을　　까스띠야로 가 알폰소 전하께 전하라.
열과 성을 다해　　내대신 그 분의 손에 입을 맞추거라.
-난 그의 신하이고,　　그 분은 나의 주군이시니-
까리온의 공자들이　　내게 저지른 이 치욕에 대해
훌륭하신 전하께서　　진정으로 가슴 아파 하시도록 말이야.
내 딸들을 결혼시킨 건　　내가 아니라 전하이시니,
저들이 내 딸들에게　　이 커다란 치욕을 안겨준 이상
우리에게　　어떤 불명예라도 끼친다면,
크든 작든 간에　　그건 모두 나의 주군께 끼치는 것이로다.
또 저 자들은 내 재산을 가져갔어,　　막대한 재산을 말이야.
그건 내게　　또 다른 치욕이야.
저 자들을　　재판정으로든 궁정으로든 친히 소환하시길 바라노라.
그건 까리온의 공자들에 대한　　나의 권리에 따른 것이며,
가슴 속에 사무친　　내 원한이 크기 때문이로다.
무뇨 구스띠오스는　　급히 말을 달려가네.
그와 함께 기사 두 명이　　성심껏 그를 따르고 있으며,
방패잡이 시종들이　　함께 달려가네.
그들은 발렌시아를 나서　　가능한 한 빨리 달려가네.
한 시도 지체하지 않고　　밤낮을 가리지 않고 달려가네.
알폰소 전하를　　사아군에서 알현하네.
까스띠야의 왕이시며　　레온의 왕이시고,
아스뚜리아스의 왕이시며　　오비에도의 왕이시라네.
산띠아고까지도　　모두 그의 영토라네.
저 갈리시아의 백작들도　　그를 주군으로 섬기고 있다네.
무뇨 구스띠오스는　　말에서 내려
성자들께 무릎을 꿇고 감사드리고　　주님께 기도드리네.
궁정이 있는　　왕궁으로 향해가네.

그와 함께 두 명의 기사가   주군을 섬기듯 호위하네.
궁정 한 가운데   들어서네.
전하께선 그들이 들어서자   무뇨 구스띠오스를 알아보시네.
전하께선 일어나   반가이 맞이하시네.
그는 왕 앞에 나가   무릎을 꿇고
발에 입을 맞추네,   저 무뇨 구스띠오스가.
-자비로우신 전하,   모든 왕국의 주인이시여!
전사가 전하께   발과 손에 입을 맞추나이다.
그는 전하의 신하이며,   전하께선 그의 주군이시나이다.
전하께선 그의 딸들을   까리온의 공자들과 결혼시키셨나이다.
전하께서 원하신 대로   결혼식은 성대했나이다.
전하께옵서도 이미   저희들에게 저질러진 치욕을 알고 계시나이다.
까리온의 공자들이   저희들을 모욕했나이다.
전사 시드의   딸들을 모질게 매질하고
치욕스럽게도   벌거벗긴 채 능욕했나이다.
그리고 나서   꼬르뻬스 숲 속에 내버렸나이다.
맹수들과   산새들의 먹이가 되도록 말이옵니다.
지금 그의 딸들은   발렌시아에 살아있나이다.
[시드는][53] 신하가 주군께 하듯이,   전하의 손에 입을 맞추며
저들을 재판정에서든 궁정에서든,   친국하시길 청하나이다.
그도 모욕을 당했으나,   전하께 끼친 모욕이 더 클 것이옵니다.
전하께옵서도   동정심을 베푸시고 잘 헤아리시어
시드가   까리온 공자들에 대해 권리를 행사할 수 있도록 허락해 주소서.
전하께서는 한 동안   말없이 생각에 잠기시네.
-내 진심으로 말하노니,   짐도 진정으로 가슴 아프도다.
무뇨 구스띠오스여,   그대의 말이 옳도다.

---

53) 역자 첨가.

짐이 손수 그의 딸들을　　까리온의 공자들과 결혼시켰도다.
잘 되라고 한 것이고　　큰 이익이 되리라 생각했도다.
그 결혼이　　이루어지지 않았다면 얼마나 좋았을꼬!
짐은 시드와 더불어　　진심으로 가슴 아파 하노라.
주께서 굽어 살피시어,　　짐은 그의 권리를 보호할 것이로다.
이런 식으로 일이 진행되리라곤　　생각지도 못했도다.
전령들은　　왕국 곳곳으로 달려가
똘레도에서　　궁정 회의가 소집됨을 알려라.
백작들과 그 이하 귀족들도　　모두 모이라고 일러라.
또 명하노니,　　까리온의 공자들도 출두해
전사 시드에게　　자신들의 정당함을 증명해 보일 것이며,
[시드는][54] 내 금하노니,　　사적인 원한을 품지 말라 이르라.

134

좋은 시기에 태어난　　전사에게 가 이르라.
칠 주 후에　　부하들을 거느리고
똘레도로 오라 이르라,　　짐이 그에게 주는 기간이니라.
짐은 시드를 생각해　　이 궁정 회의를 소집하노라.
모두 짐에게 와 인사하고　　자리를 잡으라.
그들에게 닥친 이 일은　　더 명예롭게 끝날 것이로다.
무뇨 구스띠오스는 하직하고　　시드께로 돌아가네.
전하께서 이렇게 명하셨으니,　　크나큰 배려라네.
누구도　　까스띠야의 알폰소 국왕의 명을 거역할 수 없다네.

---

54) 역자 첨가.

레온과 산띠아고로   칙서들을 보내네.
포르뚜갈 인들과   갈리시아 인들에게도 보내고
까리온 인들과   까스띠야 기사들에게도 보내네.
저 명예로우신 전하께서   똘레도에서 궁정 회의를 연다는 소식을.
칠 주 후에   거기서 열릴 것이라네.
궁정 회의에 오지 않는 자는   신하로 여기시지 않을 것이라네.
전국 방방곡곡에서   갈 준비를 하네.
아무도   왕의 명령에 빠질 수 없으니까.

135

까리온의 공자들은   근심에 휩싸이네.
똘레도에서   국왕께서 궁정 회의를 소집하셨기 때문이라네.
전사 시드가   거기 온다는 데에 겁을 먹었다네.
있는 대로 친척들에게   자문을 구하고
전하께   자기들을 이 궁정 회의에서 빼달라고 간청하네.
이에 전하께서 대답하시길,   -*주께서 굽어보시니 그리할 수 없도다!*
전사 시드도   거기 올 것이며,
그가 너희들에게 원한을 품고 있으니   그에게 법대로 대응하라.
그걸 원치 않거나,   짐의 궁정에 오지 않는 자는
짐은 그를 신임치 않을 것이니   왕국을 떠나라.
까리온의 공자들은   어쩔 수 없다는 걸 깨닫고는
있는 대로 친척들에게   조언을 구하네.
가르시아 백작은   이 일에서도
시드의 적으로서   그에게 늘 해만 끼친다네.
그는 까리온의 공자들에게   조언을 해주네.

시간이 다가오자　　모두 궁정으로 향하네.
첫 무리엔　　선왕 알폰소 전하와
엔리께 백작과　　라몬 백작,
-이 이는 훌륭한 황제의 아버지시라네-[55]
프로일란 백작과　　비르본 백작이 가네.
전 왕국에서 거기로　　다른 많은 저명인사들이 오네.
전 까스띠야에서　　최고의 인사들이 모두 다.
끄레스뽀 데 그라논이라고도 불리는　　가르시아 백작과
오까의 영주인　　알바로 디아스 경,
아수르 곤살레스와　　곤살보 안수레스 경,
빼드로 안수레스 경,　　알아두시라, 모두 거기 모였다네.
디에고와 페르난도,　　두 작자도 거기 있다네.
한 무리를　　궁정으로 끌고 왔다네.
전사 시드를　　뭉개버릴 작정으로.
사방 곳곳에서　　인파가 모여드네.
좋은 시기에 태어나신 이께선　　아직 도착하지 않으셨네.
이처럼 늦자　　국왕께서 걱정하시네.
닷새 째 되는 날,　　드디어 전사 시드께서 도착하셨네.
알바르 파녜스를　　앞서 보내
주군인 국왕의　　손에 입을 맞추게 하고
그 날 밤에 도착하리라는 걸　　알리시네.
전하께서는 이를 듣자　　진심으로 기뻐하시네.
전하께서는 많은 병사들과　　말을 타고 나가시네.
시드께서는 그의 병사들과　　멋진 행장을 차리고 오시네.

---

55) 역자 주: '훌륭한 황제'란 현 국왕인 알폰소 6세의 뒤를 이은 알폰소 7세를 가리키는 것으로써, 모친 돈냐 우라까와 부친 라이문도 데 부르군디 (원문의 Remond)의 아들이다. 모친인 돈냐 우라까는 알폰소 6세의 딸이다. 알폰소 6세와 7세 모두 레온, 아라곤, 나바라 등의 왕들과 각 지역의 백작들 위에 군림하는 '황제'로 대접 받았다.

훌륭한 주군에 걸맞는　　훌륭한 군대라네.
선왕 알폰소 전하께서　　이를 직접 보시고
좋은 시기에 태어나신 이를　　맞으러 나오시자
우리의 전사 시드께선　　땅에 내려서시네.
머리를 숙여　　주군을 영예롭게 하시네.
왕이 이를 보자　　지체 없이 말씀하시네.
-성 이시도로의 이름으로,　　그럴 필요 없도다!
말에 오르라, 시드여,　　그렇지 않으면 짐의 기분이 상할 것이로다.
우린 서로　　마음을 터놓고 인사를 나누세.
그대에게 가슴 아픈 일은　　짐에게도 가슴 아픈 일이로다.
주님께서 굽어 살피시어,　　오늘 자네가 이 궁정에서 명예를 회복하길 바라노라!
-아멘, 시드께서 대답하시네,　　훌륭한 전사께서.
전하의 손에 입을 맞추고　　인사를 드리시네.
-주님의 은총으로　　전하를 다시 뵈옵니다.
머리 숙여 전하와　　라몬 백작님,
엔리께 백작님,　　그리고 여기 모이신 모든 분들께도 인사드리나이다.
주께서 저의 친구들과　　특히 전하를 구원하시길!
-고귀한 귀부인인-　　제 아내 히메나도
전하의 손에 입을 맞추며,　　저의 두 딸 또한 그러하나이다.
저희에게 닥친 이 일에　　전하께옵서도 가슴 아파해 주소서.
이에 전하께서 대답하시네,　　*-나 또한 그러하노라, 주여!*

136

전하께서 똘레도로　　돌아가려 하시네.
그러나 그 날 밤 시드께선　　따호 강을 건너지 않으시네.

-황공하옵니다, 전하,   주께서 구원해주시길!
전하, 먼저   똘레도로 돌아가소서.
전 부하들과 함께   이 산 세르반도에 머물겠나이다.
저의 군대가   오늘 밤 도착할 것이옵니다.
전 이 성스러운 마을에서   밤을 지키겠나이다.
내일 아침   똘레도로 들어가
아침 식사 전에   궁정에 출두하겠나이다.
전하께서 대답하시네.   *-진정으로 기쁘도다.*
알폰소 전하께선   똘레도로 돌아가시고
우리의 시드 루이 디아스께선   산 세르반도에 머무시네.
촛불을 켜   제단에 놓으라 명하시네.
이 성스러운 곳을   환히 밝혀
조용히 주님께 기도드리고   간청하려 하시네.
미나야와   함께 있는 훌륭한 기사들은
아침이 다가오자   만반의 준비를 하네.

137

동틀 무렵이 되자   새벽 종소리가 울리네.
해가 떠오르기 전에   미사를 마치시네.
우리 시드의 병사들은 훌륭하고 값진   봉물을 바쳤다네.
-자네, 미나야 알바르 파네스,   내 오른팔이여,
나와 함께 나가자.   헤로니모 주교님께서도,
뻬드로 베르무데스와   무뇨 구스띠오스,
고명한 부르고스 인인   마르띤 안똘리네스,
알바로 알비레스와   알바로 살바도레스,

좋은 때 태어난　　마르떤 무뇨스,
내 조카인　　펠릭스 무뇨스도.
아는 것이 많은　　말 안다와
아라곤 출신의 호인　　갈린도 가르시아도 함께 가자.
이들과 훌륭한 전사　　백 명을 더하라.
갑옷을 잘 받치도록　　속에 두툼한 옷을 입고
그 위에 태양처럼 흰　　갑옷을 입어라.
그리고 갑옷 위에는　　담비 가죽과 모피를 걸쳐라.
창이 보이지 않게끔　　끈으로 잘 동여매고
망토 속엔 날이 잘 선　　검을 가져가라.
이렇게 하고　　궁정으로 가
나의 권리를 요구하고　　내 명분을 말할 것이로다.
만약 까리온의 공자들이　　결투를 청하면
난 백 명의 기사들을 데려가니　　아무 것도 겁나지 않도다.
모두 대답하길,　　*-우리 모두 그러길 원하나이다, 주군.*
그가 명령하는 바에 따라,　　모두 떠날 채비를 하네.
좋은 시기에 태어나신 이께선　　지체 없이
발에　　좋은 천으로 만든 양말을 신으시고
그 위에 멋지게 장식된　　구두를 신으시네.
태양처럼 흰　　훌륭한 셔츠를 입으시네.
금과 은으로 장식된　　끈들이
그의 두 주먹 위로 잘 드리워지네,　　그가 명하신 대로.
그 위에 금은으로 수놓인　　스커트를 걸치시네.
금으로 수놓인 장식이　　사방으로 번쩍이네.
그 위에 금띠로 치장된　　진홍빛 모피를 걸치시네.
전사 시드께선　　늘 그렇게 입으신다네.
머리에는 린넬 천으로 만든　　속 두건을 쓰시네.
이는 금실을　　꼬아 만든 것으로

아무도 전사 시드의 머리카락을　　건드리지 못하게 하려는 거라네.
길게 자란 수염은　　끈으로 잘 갈무리하시네.
이렇게 하는 이유는　　미리 조심하고자 함이라네.
그 위에 대단히 귀한　　망토를 걸치시네.
거기 모인 사람들 모두　　찬탄해 마지않네!
백 명의 기사들에게　　채비를 갖추라 명하시고
서둘러 말을 몰아　　산 세르반도를 떠나시네.
이렇게 시드께선　　궁정을 향해 가시네.
성문에 이르자　　기꺼이 말에서 내리시어
우리의 시드께선 부하들과 함께　　침착하게 들어가시네.
그가 가운데 서시고　　백 명의 기사들이 그를 호위하네.
좋은 시기에 태어나신 이께서　　들어오는 것을 보자
훌륭한 왕인 알폰소 전하께선　　자리에서 일어나시네.
엔리께 백작과　　라몬 백작,
알아두시라, 이들 뿐만 아니라　　궁정에 있던 사람들이 모두 일어나
좋은 시기에 태어나신 이를　　명예롭게 맞이한다는 것을.
[그러나][56] 끄레스뽀 데 그라뇬은[57]　　일어서지 않았고
까리온 공자 측　　사람들도 모두 일어서지 않았다네.
전하께서는 시드의　　손을 잡고 말씀하시네.
-이리 오라,　　전사여,
이 의자로.　　이는 그대가 짐에게 선물한 것이로다.
몇 몇은 속이 쓰리겠지만,　　그댄 우리들보다 훌륭하다네.
그러자 발렌시아를 점령하신 이께선　　거듭 감사의 말씀을 올리시네.
-왕과 주군으로서　　전하께선 자리에 앉으소서.
전 여기서　　제 부하들과 있겠나이다.

56) 역자 첨가.
57) 역자 주: 가르시아 오르도녜스 백작.

시드의 말에　　왕은 진심으로 기뻐하네.
시드께서　　자신의 의자에 가 앉자
그를 호위하는 백 명의 기사들이　　주위에 둘러앉네.
궁정에 모인 모든 이들이　　시드를 바라보네,
끈으로 잘 갈무리된　　길게 자란 수염을.
그의 치장에서　　무척 사내답게 보인다네.
까리온의 공자들은　　부끄러워 그를 쳐다보지도 못하네.
그 때 선왕 알폰소 전하께서　　자리에서 일어나 말씀하시네.
-잘 듣거라, 제장들이여,　　주께서 그대들을 굽어 살피시길!
내가 왕위에 오른 후　　단 두 번 궁정 회의를 소집했도다.
한 번은 부르고스에서 였고,　　다른 한 번은 까리온에서 였도다.
난 오늘 세 번 째 회의를 열기 위해　　이 똘레도에 왔노라.
이는 시드,　　좋은 시기에 태어난 이를 생각해
그가 까리온 공자들로부터　　명예를 되찾게 하기 위함이로다.
그에게 큰 모욕을 가했음은　　우리 모두 알고 있도다.
이 일의 판정관은　　엔리께 백작과 라몬 백작이 맡으시오.
그리고 어느 쪽에도 끼지 않는 그대들,　　다른 백작들도.
그대들은 일의 경과를 잘 알고 있으니,　　모두 심사숙고해
정당하게 처리하시오,　　짐은 부정을 원치 않으니까.
우린 오늘 양측이 모두　　평화롭게 되길 바라노라.
성 이시도로께 맹세하노니,　　짐의 궁정을 문란케 하는 자는
왕국에서 추방될 것이며,　　짐의 신임을 잃게 될 것이로다.
짐은 정직한 자,　　그의 편에 설 것이로다.
자, 이제 전사 시드여,　　요구 사항을 말해보라.
우린 까리온의 공자들이　　어떤 대답을 하는지 알게 될 것이로다.
시드께선 왕의 손에 입을 맞추시고　　자리에서 일어서시네.
-주군이시며 국왕이신　　전하께 깊이 감사 드리나이다!
소신을 위해　　이 궁정 회의를 열어주셨으니 말이옵니다.

신이 까리온의 공자들에게   요구하는 바는 이것이옵니다.
저들이 신의 딸들을 버려   신의 명예가 더럽혀진 것은 아니옵니다.
전하께옵서 신의 여식들을 결혼시키셨사오니,   전하, 오늘 무엇을 하셔야 할지 아실 것이옵니다.
저들이 대 발렌시아에서   신의 딸들을 데려갈 때
신은 저들을   진심으로 사랑해
저들에게 검 두 자루를 주었나이다,   꼴라다와 띠쏘나가 그것이옵니다.
-신은 그것들을   사내답게 얻었나이다-
그 검으로 이름을 드높이고   전하를 잘 섬기라고 준 것이옵니다.
저들이 꼬르뻬스 숲 속에서   신의 딸들을 버렸을 땐
신의 것을 아무 것도 원치 않았다는 뜻이고,   신의 신뢰도 잃은 것이옵니다.
이제는 신의 사위들이 아니니,   검들을 돌려주길 요구하나이다.
판정관들이 모두 동의하네.   *-맞는 말이로다.*
이에 가르시아 백작이 속삭이네,   *-이에 대해 우리도 얘기 좀 합시다.*
그러자 까리온의 공자들이   저만치 따라 나가네,
친척들과   거기 따라온 측근들을 다 데리고.
급히 의논한 후   변명을 하네.
-전사 시드께선 아직도   우리에게 큰 호의를 베푸시는군요.
딸들이 욕본 일을   묻지 않으시니 말입니다.
그 문제는 우리 측에서 알폰소 전하와   잘 정리하겠소이다.
검들은 돌려드리리다,   그렇게 요구했으니 말이오.
검들을 받으면   즉시 궁정을 떠나시오.
전사 시드는 이제 더 이상   우리에게 요구할 아무 권리도 없소.
이렇게 말하곤   자리로 돌아가네.
-감사하옵니다, 전하,   주군이시여!
소신에게 검 두 자루를 주시겠다니   거절하지 않겠나이다.
그 검들을 요구하고   원하오니
지금 전하 앞에서   받기를 원하나이다.

그들은 꼴라다와 띠쏘나를　　꺼내
주군이신 전하의　　손에 건네주네.
검을 뽑아들자　　전 궁정이 환해지네.
손잡이 끝과 자루가 모두　　황금이라네.
궁정에 모인 훌륭한 기사들이　　모두 감탄해 마지않네.
전하께서 시드를 불러　　검들을 건네주시네.
시드께선 검들을 받자　　손에 입을 맞추시네.
자리로 돌아와　　두 발로 서시네.
양 손에 검을 들고는　　바라보시네.
무엇과도 바꾸지 않으리라,　　시드께선 그 검들을 잘 알고 있기 때문이라네.
온 몸으로 기뻐하며　　진심으로 미소를 지으시네.
손을 들어오려　　수염을 쓰다듬으시네.
-아무도 건드리지 못한　　이 수염을 걸고
엘비라와 솔의　　복수를 하리라.
조카인 뻬드로를　　불러
팔을 뻗어　　띠쏘나를 건네주시네.
-조카야, 이걸 갖고 가　　주군의 명예를 회복하라.
마르띤 안똘리네스,　　충성스런 부르고스 인에게도
팔을 뻗어　　꼴라다를 건네주시네.
-마르띤 안똘리네스,　　나의 충성스런 부하여,
이 꼴라다를 받으라.　　이는 내 훌륭한 영주로부터 빼앗은 것이로다.
대 바르셀로나의 영주인　　저 라몬 베렝게르 말이네.
자네에게 줄 테니　　잘 간수하고 있게.
일이 생기면　　필요하게 될 걸세.
그러면 이 검으로 승리해 명예를 회복하고　　용기를 보여주게.
그의 손에 입을 맞추고는　　검을 받네.
전사 시드께선　　즉시 일어나 말씀하시네.
-주님과　　주군이신 전하께 감사 드리나이다!

소신은 이미 소신의 검인　　꼴라다와 띠쏘나를 돌려받았나이다.
그러나 까리온의 공자들에게　　다른 볼 일이 남았나이다.
발렌시아에서　　제 두 딸을 데려갈 때
금화와 은화　　삼천 마르꼬를 주었나이다.
신은 그리했으나,　　저들은 그 짓을 저질렀나이다.
이젠 더 이상 신의 사위들이 아니니,　　재산을 돌려주게 하소서.
그대들은 이 대목에서 까리온의 공자 놈들이　　탄식하는 걸 보시라!
라몬 백작이 말하네,　　*-예, 아니오만 대답하시오.*
그러자 까리온의 공자들이　　대답하네.
-그 일로 우린 이미 전사 시드에게　　검들을 돌려주었소이다.
이로써 우리에게 더 이상 요구할 게 없으니　　재판은 여기서 끝난 것이오.
라몬 백작이　　그들에게 대답하네.
-전하께서 윤허하신다면　　판정을 내리노니,
시드가 요구하는 바를　　받아들이도록 하라.
이에 전하께서 말씀하시네,　　*-윤허하노라.*
전사 시드께서　　일어서시네.
-내 너희들에게 주었던　　돈을
내게 되돌려 주든지,　　아니면 그 이유를 대라.
그러자 까리온의 공자들은　　밖으로 나가네.
그러나 의견을 모으지 못하네,　　금액이 워낙 큰데다
본인들이 이미　　다 써버렸기 때문이라네.
궁정으로 되돌아와　　멋대로 지껄이네.
-발렌시아를 점령하신 이께선　　우리에게 너무 많은 걸 요구하고 있소이다.
우리 재산을　　저토록 탐내고 있으니
까리온 영지에 돌아가　　갚겠소.
그들이 이렇게 말하자,　　판정관들이 대답하네.
-시드만 좋다면,　　우리도 막지는 않겠소이다.
그러나 우리 판단으로　　다음과 같이 명하는 바이오.

여기, 이 궁정 안에서　　갚도록 하시오.
이 말에　　알폰소 전하께서 덧붙이시네.
-우린　　저 이유를 잘 알고 있노라.
시드가　　권리를 주장하는 이유를 말이야.
삼천 마르꼬 중　　이백 마르꼬는 짐이 갖고 있노라.
까리온의 공자들이　　짐의 몫이라고 준 것이지.
저들이 궁하게 되었으니　　돌려주겠노라.
시드,　　좋은 시기에 태어난 이에게 돌려주도록 하라.
저들이 결혼 지참금을 되돌려줘야 하니,　　짐도 짐의 몫은 원치 않노라.
페르난도 곤살레스가　　어떻게 대답하는지 들어보시라.
3236b *-저흰 현금을　　갖고 있지 않나이다.*
라몬 백작이　　즉시 대답하네.
-그대들은　　금과 은을 다 써버렸구료.
알폰소 전하 앞에서　　판결하노니,
그대들은 물건으로 갚고　　시드는 그걸 받으시오.
까리온의 공자들은　　그리해야만 한다는 걸 깨닫네.
그대들은　　저토록 빠른 준마와
저토록 훌륭한 노새,　　저토록 훌륭한 시종마,
저토록 훌륭하게 치장된　　날카로운 검을 가져오는 걸 보시라!
우리의 시드께선 궁정에서 가격을 매긴 대로　　돌려받으시네.
알폰소 전하께서 받으셨던　　이백 마르꼬를 제외하고
공자 놈들은　　좋은 시기에 태어나신 이께 빚을 갚네.
자기들 것만으로는 안 돼　　남의 것을 빌리네.
알아두시라, 이 번 판결로　　크게 조롱을 당했다는 것을.

138

시드께선   이러한 현물을 받으셨고
병사들은 이를   잘 간수하네.
그러나 이 일이 끝나자,   즉시 다른 요구를 하시네.
-사랑과 자비로우심에   감사드리옵니다, 전하.
그러나 가장 큰 치욕이   잊혀지지 않나이다.
궁정에 모인 모든 분들이시여, 제 말씀을 들어보시고   저의 불행을 가슴 아파해 주소서.
저 까리온의 공자들이   이토록 저의 명예를 짓밟았으니
결투를 하지 않고는   내 그냥 놔둘 수 없소이다.

139

까리온의 공자들아,   내 너희들에게 뭘 잘못했는지 말해보아라.
조롱을 했는지 진실로 대했는지,   아니면 어떤 다른 식으로 대했는지?
내 궁정 회의의 판결에 따라   즉시 바로 잡아주겠노라.
왜 내 가슴을   갈기갈기 찢어 놓았느냐?
발렌시아를 떠날 때   난 너희들에게 내 딸들을 넘겨주었다.
커다란 명예와   재물도 함께 말이다.
그녀들을 사랑하지도 않으면서,   이 개같은 배신자들아!
왜 내 딸들을   발렌시아에서 데리고 갔느냐?
왜 내 딸들을   채찍과 박차로 때려 상처를 입혔느냐?
너희들은 내 딸들을   꼬르뻬스 숲 속에 내버려
들짐승들과   산새들의 밥이 되게 했다.

너희들이 한 짓만큼 　　너희들의 명예도 더럽혀질 것이다.
너희들이 제대로 해명하지 못하면 　　이 궁정 회의에서 판정할 것이다.

140

가르시아 백작이 　　일어나 말하네.
-전 스페인에서 가장 훌륭하신 　　전하!
시드는 궁정에서 　　장광설을 늘어놓는데 익숙한 모양이옵니다.
수염도 길러 　　길게 늘어뜨리고 왔사옵니다.
어떤 이들은 겁을 먹고, 　　어떤 이들은 놀라고 있사옵니다.
까리온의 공자들은 　　고귀한 혈통이니
그의 딸들은 첩으로도 　　쓸모가 없사옵니다.
그러니, 누가 그녀들을 　　정식 부인으로 맞이하겠사옵니까?
그녀들을 버렸다면, 　　그건 그럴만한 자격이 있기 때문이옵니다.
그가 하는 말은 모두 　　아무 짝에도 쓸모없는 것이옵니다.
그러자 전사께선 　　수염을 쓰다듬으며 말씀하시네.
-하늘과 땅을 주재하시는 　　주님 찬미 받으소서!
내 수염이 긴 건 　　아무 탈 없이 자랐기 때문이오.
백작께선 　　왜 내 수염을 비난하시는 거요?
나서부터 　　아무 탈 없이 잘 자랐기 때문이고,
어떤 년의 자식도 　　건드리지 못했기 때문이오.
모로인이건 기독교도건 　　잡아 뽑지 못했기 때문이오.
백작 나리, 내 나리께 　　까브라에서 한 것처럼 말이오.
내 까브라를 점령하고 　　나리의 수염을 잡아 뜯었을 때
한 웅큼씩 뽑지 않은 　　매가 없었더이다.
내가 한 웅큼 잡아 뽑은 데가 　　아직 덜 자랐구료.

내 여기 가져왔다오,   주머니 속에 잘 간직하고 있소이다.

141

페르난도 곤살레스가   일어나
큰 소리로 말하네.   무슨 말을 했는지 들어보시라.
-시드여,   그런 소린 그만 하시오.
그댄 돈을   다 받지 않았소.
우리와 그대 사이에   더 이상 싸움 걸지 마시오.
우린 본래 까리온의   백작이오.
그러니 우린 왕이나 황제의   딸들과 결혼해야만 했소.
시골 귀족의 딸과는   어울리지 않았단 말이오.
우리가 그대 딸들을 버린 건   우리 권리를 행사한 거요.
알아두시오, 그 일로 우린   덜이 아니라 더 명예로워질 것이오.

142

우리의 시드 루이 디아스께서   뻬드로 베르무데스를 바라보시네.
-뻬로 무도,   늘 조용한 사내, 말해보라!
내게는 딸들이고   네게는 사촌 누이들 아닌가.
말은 내게 하고 있지만,   꼭 너 들으라고 하는 것 같군 그래.
내가 대답하면,   네가 창을 들지 않을 것 같은데.

143

그러자 뻬드로 베르무데스가 입을 여네.
혀가 굳어 말이 잘 나오지 않네.
그러나 한 번 시작하자, 알아두시라, 술술 나온다네.
-시드시여, 백부님께 말씀드리건데, 백부님께선 아주 특이한 버릇을 갖고 계십니다.
궁정에선 항상 절 뻬로 무도라 부르시는 겁니다.
잘 아시겠지만, 전 말을 잘 못합니다.
하지만 해야 할 일은 그냥 두지 않습니다.
페르난도, 네가 하는 말은 모두 거짓말이다.
넌 전사 덕에 훨씬 더 쓸 만 했었다.
난 너의 그 못난 짓들을 다 말해줄 수 있도다.
우리가 대 발렌시아 근처에서 싸울 때를 기억해봐라.
넌 충성스런 전사께 선봉 공격을 청했었지.
모로인을 보자 공격해 들어가는 척했지만
넌 가까이도 못 가고 도망을 쳤다.
내가 제 때 도착하지 않았다면, 그 모로인이 널 결딴냈을 것이다.
내 앞을 가로막고 그 모로인과 맞서
한 방에 보내버렸기에 망정이지.
내 네게 말을 내주고 비밀을 지켜
오늘까지 아무에게도 얘기하지 않고 있었다.
넌 시드와 모든 사람들 앞에서 자화자찬을 했다.
마치 네가 그 모로인을 죽이고 큰 공을 세운 것처럼 말이야.
모두 널 믿었고 진실을 알지 못했다.
넌 얼굴만 번지르르할 뿐, 비겁한 겁쟁이로다!
손도 쓸 줄 모르고 주둥이만 나불거리는 놈이 감히 무슨 말을 지껄이는 거냐?

144

페르난도, 말해 보거라,　　변명해보란 말이다.
발렌시아에서 있었던 사자 사건　　기억나느냐?
시드께서 주무시고 계실 때　　사자가 풀려났었지.
그 때 페르난도 넌　　겁에 질려 어떻게 했느냐?
전사 시드의　　의자 밑으로 기어 들어갔지!
페르난도 네가 그리로 기어들어 갔으니　　오늘도 별 볼일이 없겠구나.
우린 오히려 주군을 보호하러　　의자 둘레를 에워싸고 있었지.
발렌시아를 점령하신　　시드께서 깨어나실 때까지 말이야.
시드께서 의자에서 일어나　　사자에게로 가시자
사자는 머리를 숙이고　　시드를 기다렸지.
목덜미를 잡아　　다시 우리 속에 넣어도 가만히 있었지.
전사께서　　몸을 돌려
부하들이 주위에　　모여 있는 것을 보시곤
사위들을 찾으셨으나　　아무도 없었지!
난 네게 결투를 청하노라,　　이 간악한 배신자야!
여기 알폰소 전하 앞에서　　너와 겨루겠노라.
우리 시드의 두 딸　　엘비라와 솔을 위해
너희들이 그녀들을 버렸으니　　너희들은 쓰레기 같은 놈들이다.
그녀들은 여자이고　　너흰 사내가 아니냐.
그러나 어쨌든　　너희들보다 백 배 낫도다.
주님의 뜻대로,　　결투가 벌어지면
넌 배신자로　　그걸 다 인정하게 될 것이고,
내가 말한 건 다　　사실로 판명 날 것이로다.
이 둘 간의　　논쟁은 여기서 그치네.

145

디에고 곤살레스,   그가 한 말을 들어보시라.
-우린 본래   가장 고귀한 백작 가문이로다.
이 결혼이   이루어지지 않아
시드 로드리고와   사돈을 맺지 않았다면 좋았을 것을!
우린 그의 딸들을 내버린 걸   결코 후회하지 않는다.
그녀들은 살아있는 한   숨은 쉴 수 있을 것이나,
우리가 한 행동은   그녀들 탓이로다!
3359b *그러니 난   감히 용감한 척하는 자와 맞서 싸울 것이로다.*
우린 그녀들을 버려   더 명예롭게 되었도다.

146

마르띤 안뚤리네스가   일어서네.
-닥쳐라, 이 배신자야.   그 주둥이는 거짓말만 늘어놓는구나!
넌 사자 사건을   잊지 말아야 할 것이다.
넌 문을 뛰쳐나가   마당에 숨었었지.
압착기 기둥   뒤에 말이다.
그래서 넌 그 때 입었던 망토도 스커트도   다신 입지 못했지.
내 너와 겨루겠노라,   다른 식으론 곤란하지.
너희들이   시드의 딸들을 버렸지만
어쨌든 알아둬라,   그녀들이 너희들 보단 훨씬 더 명예롭다는 걸.
결투가 끝나면   네 입으로 실토하게 될 것이다.
넌 배신자이고   네가 한 말은 모두 거짓이라는 것을.

147

이 둘의 　　논쟁도 끝나네.
아수르 곤살레스가 　　궁으로 들어오네,
담비 망토와 　　스커트를 끌며.
방금 점심을 먹어 　　얼굴이 붉게 상기돼 있다네.
하는 말에 　　두서가 없네.

148

-기사들이여, 　　치욕스럽다는 그 일을 누가 보았는가?
누가 우리에게 　　비바르의 시드 소식을 전해주었는가?
우비에르나 강에 가[58] 　　*물레방아나 찧고*
늘 그러하듯 　　밀가루나 한 웅큼 얻어 가라지!
누가 저런 가문을 　　까리온 공자들과 사돈이 되도록 해 주었는가?

149

그러자 무뇨 구스띠오스가 　　벌떡 일어나 소리치네.
-닥쳐라, 이 겁쟁이, 　　간악한 배신자야!
기도드리러 가기 전에 　　점심을 먼저 먹었으니
[미사에서][59] *네 놈이 입을 맞추는 이들은 　　냄새로 질리겠구나.*

---

58) 역자 주: 부르고스 북쪽에 위치해 있는 작은 마을. 엘 시드가 부인인 돈냐 히메나에게 결혼 선물로 준 영지이다.
59) 역자 첨가.

넌 친구에게도 주군께도 사실을 말하진 않는구나.
모두에게, 주님께는 더 더욱 거짓말쟁이로다.
난 너와 우정 따윈 나누고 싶지 않다.
넌 내가 말한 그런 자라는 걸 네 스스로 인정하게끔 만들어 주겠노라.
알폰소 전하께서 말씀하시네, *-모두 조용히 하라.*
이 자리에서 다투는 자들은 결투를 벌일지어다. 주여, 굽어 살피소서!
이 때, 논쟁이 끝나자마자
기사 두 명이 궁정으로 들어오네.
한 명은 오하라이고, 다른 한명은 이니고 히메네스라네.
한 명은 나바라 왕자의 사신이고,
다른 한 명은 아라곤 왕자의 사신이라네.
둘은 알폰소 전하의 손에 입을 맞추고
우리의 전사 시드께 딸을 달라고 청하네.
나바라와 아라곤의 왕비로 모시려는 거라네.
명예와 축복 속에 정식 부인으로 맞으려는 거라네.
이 말에 일순 조용해지며 전 궁정이 귀를 기울이네.
전사 시드께서 일어나 말씀하시네.
-감사드리나이다, 알폰소 전하, 주군이시여!
주님께도 감사드리나이다.
나바라와 아라곤에서 신의 여식들에게 청혼을 하니 말이옵니다.
일전에 신의 여식들은 신이 아닌 전하께옵서 결혼시키셨나이다.
하오니 신의 여식들은 전하 손에 달려있사옵니다.
소신은 전하의 승낙 없이는 아무 것도 하지 않겠나이다.
전하께서 일어나 궁정을 조용히 시키시네.
-시드, 고명한 전사여, 짐은 그대에게 청하노니
기뻐하라, 윤허하노라.
이 결혼은 오늘 이 궁정에서 맺어질 것이로다.
영광되게 그대의 명예와 재산이 늘어날 것이로다.

시드께서 일어나 　 전하의 손에 입을 맞추시네.
-전하께서 윤허하신다면, 　 신 또한 받들겠나이다, 주군.
그러자 전하께서 대답하시길, 　 *-주께서 그대에게 좋은 선물을 내려주시는군!*
오하라와 　 이니고 히메네스, 그대들에게
짐이 이 결혼을 　 윤허하노니
시드의 두 딸 　 엘비라와 솔은
나바라와 아라곤의 　 왕자들과 결혼할 것이로되,
그대들은 두 숙녀를 　 정식 부인으로 맞이하게 하라.
오하라와 이니고 히메네스는 　 일어나
알폰소 전하의 　 손에 입을 맞추고,
다시 전사 시드의 　 손에도 입을 맞추네.
약속하고 　 맹세하네.
말한 바대로 　 그리 되거나 더 잘 될 거라네.
이에 전 궁정의 　 많은 이들이 기뻐하네.
그러나 까리온의 공자들은 　 하나도 기쁘지 않다네.
미나야 알바르 파네스 경이 　 자리에서 일어나 말씀하시네.
-국왕과 주군이신 　 전하께 청하오니
이 일로 전사 시드가 　 가슴 아프게 되지 않길 바라나이다.
이 궁정 회의에서 　 전하께선 충분히 말하도록 해주셨으니,
이제 신이 말씀을 　 드리고 싶나이다.
이에 전하께서 대답하시네, 　 *-기꺼이 허락하노라.*
미나야여, 말해보라, 　 그대가 원하는 바를.
-전하께 청하오니, 　 전 궁정이 제 말씀을 잘 들어주소서.
전 까리온의 공자들에게 　 큰 원한을 갖고 있나이다.
전 알폰소 전하를 대신해 　 저들에게 제 조카들을[60] *넘겨주었고,*

---

60) 역자 주: 원문(3438행)에는 Hyo les di mis primas라고 되어 있으나, 미나야에게 시드의 두 딸은 사촌이 아니라 조카이다.

저들은 명예와 축복으로　　그녀들을 받아들였나이다.
전사 시드는　　저들에게 큰 재산을 주었으나,
저들은 가슴 아프게도　　그녀들을 버렸나이다.
전 저들의 사악함과 배신을 꾸짖고자　　결투를 청하나이다.
너희는　　베니고메스의 자손으로
이름 높은 고귀한　　백작 신분이로다.
그러나 우린 오늘　　저들이 꾸민 흉계를 명백하게 알게 될 것이옵니다.
전 이를　　주님께 감사드리옵니다.
제 조카인[61]　　*엘비라와 솔에게*
나비라와 아라곤의　　왕자들이 청혼을 했으니 말이옵니다.
전엔 너희들의 부인으로　　너희 둘 품에 있었으나,
이젠 너희가 그녀들 손에 입을 맞추고　　마마라 불러야 할 것이다.
가슴이 쓰리겠지만　　너흰 그녀들을 받들어 모셔야 할 것이다.
하늘에 계신 주님과　　저 알폰소 전하께 감사드리나니,
전사 시드의　　명예가 드높아 지도다!
어쨌든 너흰　　내가 말하는 그런 자들이니라.
대꾸할 말이 있거나　　아니라고 말할 자 있으면 나서거라.
내가 바로 전사,　　알바르 파네스니라.
고메스 뻴라에스가　　일어나 말하네.
-미나야, 자네가 한 말이　　무슨 소용 있는가?
이 궁정에서　　자네와 겨룰 사람은 많다네.
그렇지 못하는 사람은　　그럴만한 사정이 있기 때문일 것이네.
주님께서　　우리가 오늘 이 난국을 잘 수습하도록 해주시면
자넨 곧　　자네가 무슨 말을 했는지 다시 생각하게 될 걸세.
이에 전하께서 말씀하시길,　　*-논쟁을 멈춰라.*

61) 역자 주: 원문(3446행)에는 quando piden mis primas라고 되어 있으나, 미나야에게 시드의 두 딸은 사촌이 아니라 조카이다.

더 이상 아무도 이 문제를 언급치 말라.
내일 해가 떠오르면, 결투가 벌어질 것이다.
삼대삼으로 이 궁정에서 겨룰지어다.
그러자 까리온의 공자들이 변명하네.
-전하, 신들에게 시간을 좀 주소서, 내일은 아니 되옵니다.
무기와 말들을 전사에게 줘버렸기 때문이옵니다.
먼저 까리온엘 가야겠사옵니다.
이에 전하께서 전사에게 말씀하시네.
-이 결투는 자네가 정하는 곳에서 벌이게나.
이에 시드께서 대답하시네, -직접 가진 않겠사옵니다, 전하.
소신은 까리온 보다는 발렌시아로 돌아가길 원하나이다.
전하께서 시드에게 말씀하시네. -좋네, 전사.
짐에게 자네 기사들을 내주게, 모두 무장을 시켜서 말이야.
짐과 함께 갈 걸세, 내 보호자가 돼 줌세.
짐은 주군이 훌륭한 신하에게 하듯 그대들에게 보장하노니,
백작으로부터 건 하급 귀족으로부터 건 공격받지 않은 것이로다.
짐은 여기 궁정에서 저들에게 시간을 정해주노니
삼 주 후 까리온 평원에서
결투를 벌일 것이며, 짐이 직접 참석할 것이로다.
그 시간에 오지 않는 자는 권리를 잃을 것이며,
패해 배신자로 도망친 것이 될 것이니라.
까리온의 공자들은 포고문을 받아들이네.
시드께선 전하의 손에 입을 맞추시네.
-신의 이 세 기사를 전하의 손에,
국왕이시자 주군이신 전하께 맡기옵니다.
이들은 자신들의 임무를 완수할 준비가 되어 있나이다.
이들을 발렌시아로 영광되게 보내주소서, 주님의 은총이 함께 하시길!
그러자 전하께서 대답하시네, -주님의 뜻대로 될 지어다!

거기서 전사 시드께선   망토를 벗고
태양처럼 흰   고급 천으로 만든 속 모자를 벗으신 후
끈을 풀어   수염을 풀어놓네.
궁정에 있던 모든 이들이   넋을 잃고 그를 바라보네.
엔리께 백작과   라몬 백작에게 다가가
힘차게 포옹하며   진심으로 청하네.
자신의 재산에서   원하는 만큼 갖으라고.
그 편에 서준   그들과 다른 사람들,
모든 사람들에게   구미에 맞도록 청하네.
어떤 이들은 받고   어떤 이들은 사양하네.
이백 마르꼬는   전하께로부터 받지 않고
오히려 남은 것 중에서   원하시는 만큼 바치네.
-전하, 주님의 은총으로   자비를 청하나이다!
이 모든 일들이   오늘 여기서 다 마무리되었으니,
주군이시여, 성은에 힘입어   소신은 전하의 손에 입을 맞추고
힘들게 정복한   발렌시아로 돌아가겠나이다.

[그리고 시드는 나바라와 아라곤 왕자의 사자들에게 말들과 필요한 것들을 모두 주라고 명하고, 그들을 돌려보낸다. 알폰소 왕은 궁정의 최고 귀족들과 말을 타고 나가 똘레도를 떠나는 시드를 배웅한다. 소꼬도베르 광장에[62] 이르자 국왕은 바비에까를 타고 가는 시드에게 말한다. *"로드리고, 자네 그 말을 한 번 힘껏 달려 보게나. 짐도 그 말 칭찬하는 소릴 많이 들었다네."* 이에 시드께서 미소 지으며 대답하시네. *"전하, 여기 전하의 궁정엔 그 정도쯤 할 수 있는 훌륭하고 고명한 기사들은 많사옵니다. 그들에게 말을 달려보라 명하소서".* 왕이 대답하길, *"시드여, 자네 말은 고맙도다. 그러나 짐을 위해 자네가 그 말을 한 번 달려보게나".*]

62) 역자 주: 똘레도(Toledo)의 대광장. 아랍어로 '가축시장'이라는 뜻이다.

150

그러자 시드가 박차를 가해 쏜살같이 내달리자, 모두 그 달리는 속도에 넋을 잃는다.

전하께서 손을 들어　　얼굴에 성호를 그으시네.
-짐이 레온의 성 이시도로께　　맹세하노니,
우리 전 왕국에서　　저토록 훌륭한 사내는 또 없을 것이로다.
시드께선 말을 탄 채　　앞으로 나와
주군인 알폰소 왕의　　손에 입을 맞추시네.
-신께 준마 바비에까를　　달려 보라 명하시어 [달려보았나이다.][63]
모로인 중이건 기독교도들 중이건　　이런 말은 없나이다.
전하께 선물로 바치겠사오니　　받아주소서, 주군.
그러자 전하께서 말씀하시길,　　*-그럴 수 없도다.*
짐이 그대에게서 저 말을 받으면　　훌륭한 주군이 되지 못할 것이로다.
이 같은 준마는　　그대 같은 사람에게나 어울리도다.
전장에서 모로인들을 물리쳐　　몰아내는데 말이로다.
그대에게서 저 말을 빼앗으려는 자는　　주께서 돌보지 않으실 것이로다.
우린 자네와 자네 말로 인해　　명예롭게 되었도다.
서로 헤어져　　궁정으로 돌아오네.
전사께선 결투를 하러 갈 기사들에게　　이렇게 충고하시네.
-마르띤 안똘리네스,　　그리고 자네 뻬드로 베르무데스,
무뇨 구스띠오스,　　나의 자랑스러운 부하들여,
결투장에선　　사내답게 의연하라.
발렌시아로　　좋은 소식을 보내도록 하라.
마르띤 안똘리네스가 대답하네.　　*-왜 그리 말씀하십니까, 주군!*

---

63) 역자 첨가.

저희가 은혜를 입었으니,   이는 저희 소임이나이다.
죽었다는 소식은 들으실 지언정   패했다는 소식은 듣지 않으실 겁니다.
좋은 시기에 태어나신 이께선   이 말에 기뻐하시며,
떠나는 동료들과   작별 인사를 나누시네.
우리의 시드께선 발렌시아로,   전하께선 까리온으로 떠나시네.
삼 주의 기간이   다 지났다네.
전사의 기사들이   제 시간에 도착했네.
주군이 명한   임무를 수행하려는 거라네.
그들은 레온의 군주이신 알폰소 전하의   보호 하에 있다네.
이틀 동안   까리온의 공자들을 기다렸다네.
그들도 말과 창으로   단단히 무장하고 왔다네.
모든 친척들이   그들과 모의 했다네.
전사의 기사들을   따로 떨어지게 해
그 주군의 명예가 땅에 떨어지게끔   벌판에서 죽여 버리자고.
그러나 그 사악한 음모는   실행되지 못했다네.
레온의 군주이신 알폰소 전하를   무척 두려워했기 때문이라네.
[시드의 세 기사는][64] 밤새 불침번을 서고   주님께 기도를 드리네.
밤이 지나고   먼동이 터 오네.
많은 훌륭하고 권세 있는 사람들이   모여드네.
홍미진진한   이 결투를 보려함이네.
특히 모든 사람들 가운데   알폰소 전하께서 계시다네.
결투가 정정당당하고   아무런 부정이 없기를 바라고 계시다네.
전사의 기사들이   창을 움켜쥐네.
셋은 서로 같은 주군을 모시고 있음을   되새기네.
저 쪽에선 까리온의 공자들이   무장을 하고 있네.
가르시아 오르도네스 백작이   그들에게 조언을 해주네.

---

64) 역자 첨가.

그러자 이의를 제기해   레온의 군주이신 알폰소 전하께 말씀 드리네.
이 결투에서   꼴라다와 띠쏜을 쓰지 못하게 해달라고.
전사의 기사들에게   그 검들로 싸우지 말라고 요구하네.
공자들은 그 검들을 되돌려준 걸   무척 후회하고 있다네.
국왕께 이를 청했으나,   들어주시지 않았다네.
-너흰 우리가 궁정 회의를 열었을 땐   어느 검도 제외시키지 않았다.
만일 너희가 더 좋은 검을 갖고 있으면   그걸 써도 좋다.
시드의 기사들도   마찬가지로 할 것이로다.
까리온의 공자들이여,   일어나 결투장으로 나오거라.
너흰 사내답게   싸워야 할 것이로다.
전사의 기사들 측에선   지체하지 않을 것이로다.
만일 너희들이 이 결투에서 이기면   큰 명예를 얻을 것이며,
지게 된다 해도   우리 탓으로 돌리지 마라.
모두 알고 있다시피,   이는 너희들이 자초한 싸움이기 때문이로다.
그제서야 까리온의 공자들은   후회를 하네.
자기들이 한 짓에 대해   무척 가슴 아파하네.
까리온에 갖고 있는 모든 것 때문에라도   그런 짓은 하지 말았어야 했는데.
전사의 기사 셋은 모두   무장을 갖추었네.
알폰소 전하께서   그들을 만나러 가시네.
그러자 전사의 기사들은   전하께 말씀드리네.
-국왕이시자 주군이신   전하의 손에 입을 맞추나이다.
오늘 신들과 저들의   판정관이 되시어
아무런 부정 없이   공정하게 신들을 살펴주소서.
까리온의 공자들은   자기들 패거리를 잔뜩 끌고 왔으니
무슨 흉계를 꾸밀지   모르나이다.
전하의 손으로   신들을 지켜주시고,
주님의 은총으로   신들을 공정하게 보살펴주소서.
이에 전하께서 대답하시네,   *-내 기꺼이 그리하겠노라.*

[전사의 세 기사는][65] 잘 달리는 훌륭한 말들을 끌고 와
안장에 올라 성호를 긋고는 힘차게 박차를 가하네.
멋진 장식으로 치장된 방패들을 목을 대고
손엔 끝이 날카롭게 갈린 창을 들고 있네.
이 세 개의 창엔 군기가 달려있네.
그들 주위엔 많은 훌륭한 사내들이 모여 있다네.
경계 표시가 되어있는 결투장으로 나오네.
전사의 세 기사는 서로 약속하네.
모두 상대방을 인정사정없이 무찌르기로.
반대쪽에 까리온의 공자들이 자리를 잡네.
친척들이 많아 패거리가 무척 많다네.
전하께선 판정관들을 임명하시고, 공정하게 처리할 것이며
서로 가부를 논하지 말라고 이르시네.
결투장에 도착하자, 알폰소 전하께서 나서 말씀하시네.
-짐의 말을 잘 듣거라, 까리온의 공자들아.
이 결투는 똘레도에서 열렸어야 했으나 너희들이 원치 않았도다.
전사 시드의 이 세 기사는
짐의 보호 하에 까리온엘 왔도다.
너흰 너희 권리를 행사하되 부정을 저지르진 말라.
부정을 꾀하는 자는 엄히 금하노니,
짐의 전 왕국에서 무사치 못할 것이로다.
이 말이 까리온의 공자들을 짓누르네.
판정관들과 전하께선 경계선을 주지시키고
주위의 모든 이들과 결투장을 벗어나시네.
여섯 명의 기사들에게 분명히 이르시길
경계선을 벗어나는 자는 패하게 되는 것이라네.

65) 역자 첨가.

모든 사람들이   멀찍이 물러서네.
경계선으로부터   창대 여섯 개 밖의 거리로.
추첨을 해   햇빛에 따라 진영을 정하네.
판정관들이 결투장을 벗어나자   결투자들이 얼굴을 맞대고 서네.
이쪽에선 시드의 기사들이   까리온의 공자들에 맞서러 나오그
저 쪽에선 까리온의 공자들이   시드의 기사들에 맞서러 나오네.
그들 각각은   상대방을 노려보네.
가슴에   방패를 끌어안고
군기가 펄럭이는   창을 아래로 내린 채
얼굴은 안장 틀 위로   숙이고
말에   박차를 가하네.
말발굽 소리에   지축이 흔들리네.
각각의 기사들은   상대방을 노려보네.
모두 삼대삼으로   뒤엉켜 싸우네.
주위에 있는 사람들은   일순간에 모두 죽을 거라 생각하네.
뻬드로 베르무데스가   제일 먼저 나서
페르난도 곤살레스와   맞서 싸우네.
아무 두려움 없이   서로 방패를 내려치네.
페르난도 곤살레스가 뻬드로의   방패를 내질렀으나
헛맞아   몸까지는 닿지 못하고
창이   두 동강 나버렸네.
뻬드로 베르무데스는 굳건히 버텨   떨어지지 않았다네.
한 방 맞으면   곧 한 방 내려친다네.
페르난도의 방패 쇠 장식이 떨어져나가   멀리 나뒹구네.
완전히 꿰뚫려   아무 쓸모없게 되었다네.
창이 가슴에 박혀   심장까지 파고들었다네.
그러나 페르난도는 갑옷을 세 겹으로 입어   겨우 살았다네.
두 겹은 찢겨져 나갔지만   세 번째 겹은 아직 남아있기 때문이라네.

서츠와 장식을 단   쓸림 방지용 보호대는
살 속에   한 주먹이나 쳐 박혔다네.
입으로   피를 토하네.
배대 끈이 끊어져   한 방도 버티지 못하고
말 궁둥이 쪽으로   내동댕이쳐지네.
이에 사람들은   부상이 심해 죽었을 거라 생각하네.
그러자 [베르무데스는 페르난도의 몸에 박힌][66] 창을 버리고   손에 검을 빼어드네.
페르난도 곤살레스는 이를 보자   즉시 띠쏜이라는 걸 알아차리고
일격을 당하기 전에 외치네,   *-내가 졌소.*
판정관들이 이를 승인하자,   뻬드로 베르무데스는 그를 놓아주네.

151

마르띤 안똘리네스와 디에고 곤살레스가   창을 들고 격돌하네.
너무 세게 부딪쳐   두 창이 모두 부러져 나갔네.
마르띤 안똘리네스가   손에 검을 뽑아들자
그 희고 눈부신 빛에   결투장이 온통 환해지네.
비스듬히   한 칼 내려치자
투구 윗부분이 잘려나가   저 만치 나뒹구네.
투구 끈도   모두 잘려나갔으며
쇠 그물 두건과   심지어는 속 모자에까지 닿아
쇠 그물 두건과 속 모자   모두 잘려나갔네.
머리카락도 잘려나가   살까지 베어졌다네.

66) 역자 첨가.

일부는 바닥에 떨어지고,　　나머지는 제자리에 붙어 있네.
보검 꼴라다의　　이 한 방을 맞고
디에고 곤살레스는　　얼이 빠졌으나
[어쩔 수 없이 다시][67] 말고삐를 당겨　　얼굴을 돌리네.
손에 검은 쥐었으나　　감히 휘두르지 못하네.
마르띤 안똘리네스는 그를 맞아　　다시 한 방 더 내려치네.
그러나 검 날로 친 것이 아니라　　몸통으로 친 것이라네.
그러자 공자는　　큰 소리를 지르네.
-영광되신 주님, 저를 구해주소서.　　주님, 이 검으로부터 저를 살려주소서!
그리곤 고삐를 채　　검에서 달아나려
경계선을 벗어나 도망쳐 버리네.　　그러나 마르띤은 그 자리에 서있다네.
그러자 전하께서 말씀하시네,　　*-내 곁으로 오라.*
이로써 그댄　　이 결투에서 이겼도다.
판정관들이 이를 승인하네,　　그 말이 사실이라고.

152

[시드의 기사][68] 둘이 이겼다네:　　내 이제 여러분들께 무뇨 구스띠오스에 대해 말씀드리겠소이다.
아수르 곤살레스와　　어떻게 싸웠는지를.
서로 죽을 힘을 다해　　방패를 내려치네.
힘 좋고 용감한　　아수르 곤살레스가
무뇨 구스띠오스의　　방패를 내려치자,

67) 역자 첨가.
68) 역자 첨가.

창이 방패를 뚫고　　갑옷을 찢었네.
그러나 창은 빗나가　　몸을 뚫지는 못했다네.
그러자 이번에는　　무뇨 구스띠오스가 찌르네.
철제 장식한 가운데부터　　방패가 부서지고
더 이상 그를 보호해주지 못하고　　갑옷을 뚫어버렸네.
옆으로 살짝 비껴　　심장에 맞진 않았다네.
그러나 창은 깃발과 더불어　　몸 속 깊숙이 박혀
등 뒤로　　한 길이나 빠져 나왔다네.
그를 잡아끌어　　안장 위에 눕힌 후
창을 잡아 뽑고　　땅위에 내동댕이치네.
손잡이와　　창 끝, 깃발이 모두 선홍빛이라네.
모두　　죽을 상처를 입었다고 생각하네.
창을 되잡아　　그에게 다가가자,
곤살로 안수레스가 애원하네.　　*-제발, 죽이지는 말아주오.*
우리가 졌소.　　다 끝났소이다.
판정관들이 말하네.　　*-우리 모두 들었소이다.*
성왕 알폰소 전하께선　　결투장을 치우라 명하시네.
거기 남아 있는 무기들도　　자신이 수습해 가져가시네.
전사의 기사들은　　명예롭게 떠나가네.
주님의 가호로　　이 결투에서 이겼다네.
까리온은 온통　　비탄에 잠기네.
전하께선 시드의 기사들을　　밤새 떠나보내시네.
그들이 습격을 당하거나　　공포에 떨지 않게 하시려 함이라네.
그들은 신중하게　　밤낮으로 달려
발렌시아에 도착해　　전사 시드께 돌아갔네.
이들은 까리온의 공자들을　　배신자로 낙인찍고
주군이 명한　　임무를 완수했다네.
전사 시드께선　　이에 매우 기뻐하시네.

[반면에][69] 까리온 공자들의　　명예는 땅에 처박혔네.
숙녀들을 모욕하고　　버린 자에게는
그에게도 같은 벌이 내리거나,　　아니면 더 가혹한 벌이 내리리라!
자, 이제 여기서 까리온 공자들　　얘기는 접어두고,
이 번 일로　　쓴맛을 톡톡히 봤으니 말이오,
이제 좋은 시기에 태어나신 이에 대해　　얘기해 보도록 합시다.
대 발렌시아에선　　기쁨이 넘쳐나네.
전사의 기사들이　　명예롭게 돌아왔기 때문이라네.
주군이신 루이 디아스께선　　수염을 쓰다듬으며 말씀하시네.
-하늘에 계신 주님의 가호로,　　내 딸들의 원수를 갚았도다!
이젠 내 딸들은　　까리온의 손아귀에서 벗어났도다!
그러니 난 다시 명예롭게 결혼시킬 것이로다.　　어떤 자들에겐 속 쓰린 일이겠지만 다른 이들에겐 아니겠지.
나바라와 아라곤의 왕자들이　　결투장에 와서는
레온의 군주이신 알폰소 왕을　　알현했네.
엘비라와 솔은　　그들과 결혼했네.
첫 결혼도 성대했지만,　　이 결혼은 더 성대했다네.
첫 번째보다　　더 호화롭게 결혼시켰기 때문이라네.
좋은 시기에 태어나신 이의　　명예가 얼마나 더 드높아졌는지 보시라.
이제 그의 두 딸이　　나바라와 아라곤의 왕비들이 되었으니 말이오.
오늘날 스페인의 왕들은　　모두 그들의 자손이며,
그들 모두 좋은 시기에 태어나신 이로부터　　영광을 입었다네!
[세월이 흘러][70] 발렌시아의 영주이신 시드께서　　세상을 떠나셨네.
오순절 날;　　주께서 그를 용서하시길!
또한 죄인이자 의인인　　우리 모두에게도 그리해 주시길!

---

69) 역자 첨가.
70) 역자 첨가.

이상이 우리 전사 시드의　　활약상이며,
여기서　　노래가 모두 끝나도다.[71]

71) 원문 주: 뻬르 아밧은 필사본에 이러한 글귀를 적어 놓았다:

이 책을 쓴 이,
주께서 그를 천국으로 인도하시길.
뻬르 아밧이 1,345년
5월에 이를 썼도다.

같은 14세기에 [다른 방랑 시인에 의해] 다른 글귀가 첨가되었다:

그대들에게 이 노래를 읊어주었으니
우리에게 포도주 몇 잔 내주오!
돈이 없으시다면,
옷가지라도 주오,
돈으로 바꾸게 말이오.

부 록

작품해설 · 시드 연대기

작품해설

1. 작가 및 연대

이 노래는 스페인 중세 때 실존 인물이었던 로드리고 디아스 데 비바르, 일명 '엘 시드'라는 인물의 무용담을 읊은 무훈시로써, 중세 스페인에서 이 마을 저 마을 떠돌아다니며 사람들에게 노래와 춤, 재미있거나 슬픈 이야기 등을 들려주고 그 대가로 음식과 돈을 벌던 후글라르(juglar)라 불리던 방랑시인들이 가장 애송하던 것이었다. 주인공인 시드가 죽은 것은 1099년이다. 이때부터 누군가에 의해서 그의 무훈을 기리는 노래가 불리기 시작했고, 시간이 지나고 입에서 입으로 전해지면서 차츰 지금의 형태가 갖추어진 것이다. 처음 기록된 것이 주인공이 죽은 지 40년 정도밖에 지나지 않은 1140년이니까, 실제로 당시에는 시드를 기억하는 사람들이 꽤 있었을 것이다. 아마 젊은 시절 추방 길에서 함께 노숙을 했거나 그의 휘하에서 모로족을 상대로 한 전투에 참여했던 부하들도 꽤 살아 있었을 것이다. 노래솜씨와 재담, 우스꽝스러운 몸짓이나 엄숙한 표정 등 연기에도 능숙했던 당시의 방랑시인들이 대중들에게 가장 인기 있는 기사의 이 생생하고도 장대한 무용담을 놓칠 리가 없었다. 이들은 누군가로부터 -아마도 자신이 모시던 후글라르나 다른 동료 후글라르, 또는 시드의 옛 부하들로부터- 이 노래를 귀동냥해 듣고는 암기했다가 자신의 밥벌이 수단으로 활용했을 것이었다. 이 과정에서 청중들의 흥미를 배가시키고 시간을 늘리기 위해 노래의 내용을 제멋대로 개작하거나 첨가하기도 했을 것이다. 상상력이 풍부하고 입담이 좋은 방랑시인일수록 주인공인 시드를 더 궁지로 몰아넣어 청중들을 안타깝게 하기도 하고 어린 두 딸들을 더 불쌍하게 만들어 눈물샘을 한껏 자극하기도 했을 것이다. 또한 수많은 적을 단기필마로 통쾌하게 물리치고 자신을 버린 국왕에게 전리품을 보내 충성을 다하는 장면을 연출함으로써 박수갈채를 받기도 했을 것이다. 이렇게 과장을 해야만 본인들이 원하는 빵과 포도주가 더 풍성하게 차려지기 때문이었다. 여기에다, 진짜든 아니든, 시드와 함께 싸웠었다는 누군가의 경험담이라도 -이 또한 과장되기 십상이지만- 더해진다면 금상첨화였을 것이다. 따라서 당시에는 방랑시인들마다 읊는 내용도 길이도 제 각각이었을 것이다. 이 노래는 이처럼 시드 사후 약 40여 년 동안 제멋대로 진화해 가며 불리던 것을 메디나셀리에 살던 어느 방랑시인이 최초로 기록한 것이다. 여기에는 물론 자기의 목소리가 가장 크게 반영되었을 것이다. 그러나 이전 판본의 내용 또한 무시할 수 없는 수준으로 남아 있을 것이다.

이 최초 기록자의 단독 작품이라고만 볼 수 없는 이유는 구성의 치밀함이나 묘사의 정확성, 표현의 절제성 등 전체적인 작품의 완성도로 보아 그 이전에도 다른 판본들이 존재했었을 가능성이 제기되고 있기 때문이다. 이 작품 연구의 최고 권위자인 메넨데스 삐달는 이 노래의 작가를 두 명으로 보고 있다. 한 명은 산 에스떼반 데 고르마스를 중심으로 활동하던 방랑시인으로 구전으로만 떠돌던 노래를 1120년경에 기록했으며, 다른 한 명은 메디나셀리를 중심으로 활동하던 방랑시인으로 이보다 조금 후인 1140년 경 이전의 판본에 문학적 요소를 더 가미해 개작한 것으로 보고 있다. 이 성명 미상의 방랑시인들이 이 지역에 살았을 것이라는 추측은 그 주변 지역에 대한 묘사의 정확성과 작품에서 사용된 언어가 당시 이슬람 세계와의 접경 지역이었던 이 지역 일대의 방언을 많이 포함하고 있다는 사실에 주로 기인한다. 두 지역 간의 거리는 약 80여km로써 재정복된 시기와도 일치한다. 그러나 이와는 달리 부르고스에 살던 학식 있는 작가가 단독으로 썼을 것이라는 주장도 제기되고 있다. 어쨌든 오늘날 전해지는 최고(最古)의 판본은 1140년에 기록된 것을 1307년 뻬르 아밧이라는 사람이 다시 필사한 것이다. 이것을 1779년 또마스 안또니오 산체스가 처음 출판함으로써 세상의 빛을 보게 되었고, 이후 많은 학자들에 의해 연구되고 있다.

2. 시대 상황

주인공인 로드리고 디아스 데 비바르는 1040년경 까스띠야의 수도인 부르고스 인근에 위치해 있는 비바르라는 작은 마을에서 태어났다. 당시 이베리아 반도는 기독교도들이 이슬람교도인 모로족을 상대로 한창 국토회복전쟁을 벌이고 있는 상황이었다. 711년 이베리아 반도 전역을 점령했던 이슬람교도들은 점차 기독교도들에게 밀려 남쪽으로 후퇴를 거듭하다가 당시에는 메디나셀리 인근 지역을 경계로 대치하고 있었다. 북부의 기독교 세계는 까스띠야-레온 왕국을 중심으로 나바라 왕국와 부속 아라곤 백작령, 프랑스인들이 세운 까딸루냐 백작령 등이 재정복전에 참가하고 있었던 반면에, 남부의 이슬람 세계는 수 십 개의 소왕국으로 분열되어 있었다. 이에 북아프리카의 이슬람교도들은 기독교 세력과의 완충지대 역할을 하고 있는 반도의 이슬람 세력이 점차 남쪽으로 밀리자 위기감을 느끼고 있었다. 발렌시아에서 시드가 상대했던 이슬람 세력이 바로 북아프리카에서 재차 이베리아 반도로 진격해온 알모라비데족이었던 것이다.

당시 시골 귀족 가문 출신인 로드리고는 까스띠야-레온의 통합 군주인 페르난도 1세의 궁정에서 교육받고 궁정기사로 활약하고 있었다. 1065년 페르난도 1세가 죽자 왕국은 두 아들에게 분할된다. 큰 아들인 산초 2세는 까스띠야 왕국을, 작은 아들인 알폰소 6세는 레온 왕국을 물려받은 것이다. 그러나 형제들 사이에 영토 다툼이 벌어졌고, 1072년 산초 2세가 우라까 공주의 영지인 사모라에서 암살을 당한다. 알폰소 6세와 우라까 간의 친밀한 관계를 알고 있던 까스띠야인들은 암살의 배후세력으로 알폰소 6세를 의심했으나, 구체적인 증거도 없고 그가 산초 2세의 뒤를 이어 까스띠야의 왕위계승권을 갖고 있어 어찌할 도리가 없었다. 그러나 시드는 귀족 대표로 나서 알폰소 6세에게 까스띠야의 왕위에 오르기 전에 산초 왕의 죽음과 아무런 관련이 없음을 맹세해 결백을 밝히라고 요구한다. 알폰소 6세는 분노와 굴욕감을 느끼면서 많은 사람들 앞에서 이를 맹세했고, 시드를 위시한 모든 까스띠야의 귀족들은 알폰소 6세를 새로운 군주로 맞는다. 이를 계기로 시드는 알폰소 국왕의 눈 밖에 나 권력에서 점차 주변부로 밀려나기 시작하며, 가르시아 오르도녜스 백작을 중심으로 하는 정적들로부터 공격을 당하게 된다. 결정적인 계기는 세비야의 모로 왕으로부터 공물을 거두어오는 과정에서 개인적으로 선물을 받은 것이었다. 정적들이 이를 공물 착복이라고 고발했던 것이다. 우여곡절 끝에 간신히 국왕으로부터 용서는 받았지만 의혹의 눈길까지 지울 수는 없었다. 다시 얼마 지나지 않아 국왕의 허락 없이 단독으로 똘레도를 공격한 사건이 발생했으며, 이는 용서받지 못했다.

결국 국왕의 개인적인 원한에 그 간 그에게 씌워졌던 혐의들이 한꺼번에 표출되면서 추방령에 처해지기에 이른다. 이에 시드는 가산을 정리하고 왕국을 떠날 채비를 한다. 노래는 여기서부터 시작된다.

3. 작품의 구성 및 가치

노래는 3부로 나뉘어 있다.

제1부는 '추방의 노래'로써, 1084행으로 이루어져 있다. 시드는 국왕의 명령에 따라 정든 집을 뒤로 하고 쓸쓸히 부르고스를 떠난다. 충성스런 부하들 몇 명만이 추방 길에 따라나선다. 주민들 모두 그를 가엽게 여기지만 칙령에 따라 물 한 모금조차 도움을 줄 수 없었다. 부르고스 교외에서 궁핍하게 노숙을 하고 있을 때 마르띤 안똘리네스라는 부르고스의 귀족이 먹을 것을 갖고 찾아와 대열에 합류한다. 그의 기지로 모래를 가득채운 궤짝을 금궤라고 속이고, 이를 담보로 유대인인 라겔과 비다스에게 거액을 받아내 비용에 충당한다. 시드는 부인과 두 딸을 산 뻬드로 데 까르데냐 수도원에 맡겨두고 눈물의 작별을 고한다. 냉혹한 전사답지 않게 '손에서 손톱이 빠지는 듯한' 고통을 느끼며, 어린 두 딸을 두고 떠나는 슬픔을 삭인다. 시간이 지날수록 국왕의 보복을 무릅쓰고 시드 곁으로 달려오는 병사들의 수가 늘어나 국경을 벗어나기 전에 이미 300명에 이른다. 이에 사촌 동생인 '미나야' 알바르 파녜스의 충고에 따라 모로인들의 도시인 까스떼혼과 알꼬세르를 점령해 부하들에게 처음으로 따뜻한 잠자리를 마련해주고 전리품을 골고루 나누어 준다. 이에 격분한 발렌시아의 왕 따민이 3천명의 군사를 몰아 공격해 오지만, 시드와 그의 부하들은 적은 수에도 불구하고 용감히 싸워 크게 이긴다. 시드는 미나야를 통해 30필의 말과 많은 전리품을 알폰소 국왕에게 보내 사죄의 뜻을 전하고, 부인과 두 딸을 데려오도록 한다. 알꼬세르 성이 병사들의 수에 비해 비좁고 수비하기가 어렵자 시드는 성을 팔고 떠난다. 이에 모로인 주민들은 모두 아쉬워하며 눈물을 흘린다. 그가 주민들을 함부로 대하지 않았으며 재산도 함부로 빼앗지 않았기 때문이었다. 부르고스에 갔던 미나야는 시드의 사면을 윤허 받지는 못했으나, 원하는 자들은 누구든 따라가도

좋다는 국왕의 허락에 따라 200명의 기사들을 데리고 돌아온다. 시드는 바르셀로나 백작의 영토를 침범해 다시 전쟁이 벌어진다. 시드는 이 충돌을 피해보려 했지만 어쩔 수 없이 엘 삐나르 데 떼바르에서 전투가 벌어진다. 그 결과 시드를 얕봤던 백작은 포로로 잡히고 희대의 보검인 꼴라다를 빼앗긴다. 백작은 수치심에 곡기를 끊고 죽으려 했으나, 음식을 먹으면 풀어주겠다는 시드의 제안을 받아들인다. 시드는 약속대로 백작을 풀어주고 대신 많은 전리품을 갖고 다시 길을 떠난다.

제2부는 '결혼의 노래'로써, 1085행부터 2277행까지이다. 다시 길을 떠난 시드는 모로인들의 땅으로 더 깊숙이 들어가 발렌시아 지방에 이르러 헤리까, 온다, 알메나라, 부리아나, 무르비에드로 등을 점령한다. 이에 각 지역의 모로인들이 두려움에 떨며 그에게 공물을 바쳐온다. 늘 그렇듯이 시드는 전리품과 공물을 부하들에게 골고루 나누어 준다. 발렌시아의 모로인들도 두려움에 떤다. 이미 발렌시아 왕국의 거의 모든 마을과 도시들이 그의 수중에 떨어졌기 때문이었다. 결국 아홉 달동안의 포위 끝에 발렌시아도 성문을 열고 항복한다. 약 3년간의 기나긴 고생 끝에 드디어 시드와 부하들은 그들만의 안정된 거처를 얻은 것이었다. 시드는 부하들에게 전리품을 골고루 나누어 주며 노고를 치하한다. 이 때 헤로니모라는 학식있고 용감한 사제 한 분이 시드를 찾아온다. 시드는 기꺼이 그를 주교로 맞아 새로운 교구를 세운다. 시드는 미나야를 다시 부르고스로 보내 알폰소 왕에게 공물을 바치고, 국왕은 시드의 부인과 두 딸을 데려가도록 허락한다. 발렌시아 함락 소식을 전해들은 세비야의 왕은 3만여 명의 병사를 이끌고 시드를 공격해 오지만, 참패하고 만다. 이 때 시드는 명마 바비에까를 얻는다. 한편 시드의 명성이 날로 높아가자 그의 돈에 욕심이 생긴 까리온의 공자들이 국왕에게 중매를 부탁한다. 이때 모로코의 왕 유수프는 5만의 군대를 이끌고 다시 발렌시아에 상륙해 성을 포위한다. 이에 헤로니모 주교가 선봉에 서 용감히 싸운 덕에 적을 크게 물리친다. 5만 명 중에서 겨우 104명만이 살아 도망칠 수 있었을 정도의 대승이었다. 시드는 다시 가족을 무사히 돌려보내준 답례와 충성의 표시로 말 200필을 알폰소 왕에게 바친다. 알폰소 왕은 똘레도에서 시드의 알현을 허락하고 그 간의 일을 용서한다. 또한 왕은 시드의 두 딸의 후견인이 되기로 하고 까리온의 공자들과의 혼사를 제안한다. 시드는 썩 내키지 않았지단 국왕의 요청이

라 어쩔 수 없이 이를 받아들인다. 시드는 까리온의 공자들을 데리고 발렌시아로 돌아와 성대한 결혼식을 올린다.

제3부는 "꼬르뻬스 숲 속에서의 모욕"으로, 2278행부터 3730행까지가 이에 해당한다. 발렌시아에서 살게 된 까리온의 두 공자는 비겁함과 돈 욕심을 여지없이 드러내기 시작한다. 우선 어느 날 시드가 낮잠을 자고 있는 사이에 기르던 사자가 우리에서 뛰쳐나오는 사건이 발생한다. 부하들이 시드를 깨우지 않고 다시 잡아넣으려 소동을 벌이고 있는 사이에 두 공자는 겁에 질려 숨어 버린다. 이로써 시드의 부하들에게 겁쟁이로 조롱을 당하게 된다. 이 때 다시 모로코의 부까르 왕이 대군을 이끌고 발렌시아를 공격해 온다. 이 전투에서 역시 공자들은 무서워 꽁무니를 빼고, 시드의 부하들이 대신 공을 세워 준다. 이로써 체면이 더 깎인 공자들은 부끄러워하기는커녕 앙심을 품는다. 이 전투에서 시드는 부까르 왕을 죽이고 명검 띠쏘나를 얻는다. 발렌시아에서 크게 체면이 깎인 공자들은 돈이나 챙기려는 욕심에 시드에게 두 딸을 데리고 고향으로 돌아가겠노라고 말한다. 이에 시드는 지참금을 듬뿍 주어 보낸다. 못내 아쉽고 찜찜한 시드는 조카인 펠릭스 무뇨스를 까리온까지 배웅하도록 딸려 보낸다. 두 공자는 인적이 끊긴 깊은 꼬르뻬스 숲에 이르자 일행을 먼저 보내고 자기들만 남아 시드의 두 딸을 매질하기 시작한다. 마치 내기라도 하듯이 옷을 벗기고 서로 번갈아 가며 채찍으로 초죽음이 될 때까지 때려댄다. 그리고는 피투성이가 된 시드의 두 딸을 짐승 밥이 되도록 버려두고 희희낙락하며 떠나간다. 먼저 떠났던 펠릭스 무뇨스는 두 공자가 늦어지자 뭔가 이상한 낌새를 눈치채고 일행으로부터 슬쩍 빠져 나온다. 몰래 길을 되짚어 오다가 결국 피투성이가 된 사촌 누이들이 실신한 채 쓰러져 있는 것을 발견하고는 구해준다. 이 소식이 발렌시아로 전해지자 시드는 명예를 회복하기 위해 두 딸의 후견인인 국왕을 통해 까리온의 공자 측에 결투를 청한다. 국왕의 명령에 의해 까리온의 평원에서 벌어진 결투 결과, 시드 측의 세 기사 뻬드로 베르무데스와 마르띤 안똘리네스, 무뇨 구스띠오스 모두 통쾌하게 승리해 복수를 하며 까리온의 공자들의 명예는 땅에 떨어진다. 이 때 나바라와 아라곤의 왕자들이 청혼을 해 오자 알폰소 국왕이 허락한다. 다시 두 번째 결혼식이 성대하게 거행되고 시드의 두 딸은 모두 왕비가 되어 행복하게 살게 된다. 세월이 흘러 발렌시아의

영주인 '전사 시드'가 죽으며 노래가 끝난다.

이 작품은 이처럼 실제 있었던 역사적 사실에 소설적 허구를 가미한 '연의'이다.

역사적 사실이란 먼저 로드리고 디아스 데 비바르라는 인물이며, 이 노래에 나오는 사건들 또한 대부분 사실이다. 즉, 세비야에 파견되어 공물을 받아온 일, 국왕의 명을 어기고 단독으로 똘레도 공략전을 벌였던 일, 왕국으로부터 추방당한 일, 발렌시아를 점령한 일, 두 딸을 왕족과 결혼시킨 일 등은 모두 역사적 사실이다. 이와 더불어 알폰소 국왕에 대해서는, 비록 자신을 추방해 사지(死地)로 내몬 장본인이었지만 자신이 충성을 맹세했던 주군이었기에 끝까지 배반하지 않았던 것도 사실이다. 또 하나의 사실은 노래에 등장하는 도시와 마을들이다. 과거 시드가 걸었고 전투를 벌였던 길과 들판, 마을과 도시들은 대부분 지금도 그 자리에 그대로 남아있다. 일부는 시간이 지나면서 과거의 명칭이 바뀐 것들도 있고 폐허로 변했거나 구릉으로 변한 마을들도 있지만, 대부분은 노래에 등장하는 지명 그대로 현존한다. 이것이야말로 현대를 사는 우리들이 타임머신 없이도 중세로 시간여행을 떠나 지척에서 시드의 숨결을 느끼며 방랑시인이 되어 노래를 읊어볼 수 있는 산 체험의 현장인 것이다. 본 번역서에서는 이를 구체적으로 살펴볼 수 있도록 해당 지역의 지도를 발췌 첨부해 시드가 걸었던 길을 간접 체험할 수 있도록 했다.

이러한 역사적 사실에 가미한 소설적 허구로는, 우선 시드의 지나친 미화를 들 수 있다. 추방된 이후 알폰소 왕의 용서를 구하기 위해 노력했던 것은 사실이지만, 노래에서처럼 일관된 행보를 취했던 것만은 아니라고 한다. 호구지책으로 때로는 사라고사의 모로 왕을 돕기도 하고 때로는 까딸루냐 백작을 위해 싸우기도 했던 것이다. 시드 부하들 역시 상당히 미화되어 그려지고 있다. 그들은 모로인들과의 전투에서 단 한 번도 패한 적이 없으며 영화에서나 볼 수 있을 법한 기막힌 칼 솜씨로 적들을 물리치곤 한다. 당시의 양 측 군세로 볼 때 한 전투에서 수만 명이 격돌하는 장면은 매우 과장되어 보이며, 특히 수만 명을 몰살시키는 전투 장면은 매우 소설적이다. 이는 까리온 공자 측과의 결투에서도 두드러진다. 꼴라다와 띠쏘나라는 보검의 위력에 힘입은 바도 크지만 시드 측 세 기사의 창 다루는 솜씨는 타의추종을 불허할 만큼 대단한 것이다. 이는 주인공이 아끼는 측근의 패배나 죽음으로 인해 청중들을 비탄에 잠기게 하기보다는 적들을 통쾌하게 처부수어 환호케 하는 효과를 가져다준다. 방랑시인은 아쉬움과 눈물을 자아내게 하는 것은 어린 두 딸과의 이별 장면이나 꼬르뻬스 숲 속에서 가해지는 모욕 장면 등으로 충분하다고 판단했을 것이다. 어쨌든 시드와 부하들의 솜씨는 지나치게 미화되어 있으며, 특히 시드에 대한 칭송은 때로 지나쳐 사실성을 훼손하고 있지만, 이것이 많은 중세 유럽의 다른 서사시에서는 찾아보기 힘든 주인공의 인간적인 살 내음까지 가리지는 못하고 있다. 다른 소설적 허구는 두 딸들의 이름과 결혼 상대자이다. 노래에서는 엘비라와 솔로 나오지만, 실제로는 각각 끄리스띠나와 마리아이다. 이들의 첫 결혼 상대자인 까리온의 공자들이나 아라곤의 왕자 역시 가공의 인물들이다. 메넨데스 삐달에 따르면, 당시에는 딸들의 나이가 너무 어려 실제로 결혼이 이루어졌으리라고 보기는 어렵다고 한다. 또한 실제 결혼 상대자도, 끄리스띠나는 나바라의 왕자와 결혼했지만, 마리아는 바르셀로나의 백작인 라몬 베렝게르 3세였다고 한다. 유대인인 라겔과 비다스에게 모래 궤짝을 금궤 궤짝이라고 속여 돈을 울궈내는 장면이나 발렌시아에서 시드가 키우던 사자가 우리에서 뛰쳐나와 소동을 일으키는 장면 등은 모두 허구로써 극적 흥미를 더 해주며 작품의 문학적 완성도를 높여주고 있다.

이처럼 방랑시인들은 사실과 허구를 넘나들며 능수능란하게 청중들을 울리고 웃기며 스페인 최고의 서사 문학을 꽃피웠고, 스페인들이 추구해온 신앙심과 충성심, 가족애, 포용력 등을 두루 갖춘 영웅 상을 창출해 내기에 이르렀다. 가족과 헤어질 때 냉혹한 전사답지 않게 눈물까지 흘리는 인간적인 감수성, 발렌시아를 점령한 후 스스로 독립해 왕국을 건설할 수 있었음에도 불구하고 끝까지 까스띠야의 알폰소 왕의 신하를 자처하는 변치 않는 충성심, 전리품을 부하들에게 골고루 나누어 주는 후덕함과 적인 모로인들까지도 용서하고 친구로 감싸 안는 관대함 등은 중세를 두루 거치면서 스페인 사람들이 추구하는 영웅의 전형으로 기려지고 있다. 이러한 그의 용맹과 숭고한 덕으로 인해 모로인들이 그에게 붙여준 경칭이 바로 아랍어로 '주군'이라는 뜻의 '시드(Cid)'였던 것이다. 따라서 이 노래는 『베오울프』나 『롤랑의 노래』, 『지크프리트』, 『탄호이저』 등 다른 많은 중세 서사시에서 나타나는 것과 같은 주인공의 전지전능함이나 장렬한 죽음으로 인한 비장함, 비극적 서사감 등은 다소 부족하지만, 등장인물들이 지나치게 신격화되어 있지 않고 인간적이면서도 고결해 그 심리적 존재감만으로도 청중들로 하여금 이민족에 당당하게 맞설 수 있는 자신감을 되찾고 국가 정신을 느끼게 하기에 충분했던 작품이다. 작품의 문학적 완성도와 더불어 주인공의 이러한 고결한 영웅 정신은 현대에 이르러서도 변치 않는 가치를 인정받고 있으며, 많은 스페인인들로부터 찬사를 받고 있다.

시드 연대기

1040년 경　로드리고 디아스, 부르고스 인근에 위치해 있는 비바르의 시골 귀족 가문에서 출생.

1058년　부친 사망. 까스띠야, 레온, 갈리시아, 포르투갈의 통합 군주인 페르난도 1세의 궁정으로 보내져 왕자인 산초와 함께 수학.

1063년　제 2왕자인 알폰소와 함께 아라곤에 맞서기 위해 그라우스 전투에 참전.

1065년　페르난도 1세 사망. 장자인 산초가 까스띠야를 계승. 로드리고 디아스 궁정기사에 임명.

1067-1072년　국왕 산초를 도와 그의 형제들인 레온의 군주 알폰소와 갈리시아의 군주 가르시아, 사모라의 영주 우라까를 공격.

1072년　산초, 사모라에서 암살당함. 까스띠야인들은 사모라의 영주인 우라까와 알폰소가 친밀한 관계임을 알고 있었으므로 왕위 계승권자인 알폰소를 암살 공범으로 의심하여 대관식 전에 형의 죽음과 관련이 없다는 사실을 맹세하라고 요구함. 이 때 부르고스 지방의 산타 가데아에서 맹세를 받은 사람이 바로 궁정기사였던 로드리고 디아스였다고 함.
이 때 이후 새 국왕에 의해 계속 기용되긴 했지만 2선으로 밀려남. 대신 우라까 공주와 알폰소 국왕의 측근인 까리온의 백작들이 득세하기 시작.

1074년 왕가 혈통의 히메나 디아스와 결혼.

1075년 오비에도로 국왕 수행. 대성당에서 유물 궤 개봉 행사에 참석.

1079년 세비야의 모로 왕으로부터 공물을 받아오도록 파견. 이 때 공교롭게도 그라나다의 왕이 기독교도인 나헤라 백작의 도움을 받아 세비야의 왕을 공격한다. 로드리고 디아스는 세비야의 왕을 도와 까브라에서 이들을 물리친다. 이에 대한 보답으로 세비야의 알무따미스 왕으로부터 알폰소 국왕에게 바치는 공물과는 별도로 개인적인 선물을 받게 되는데, 이로 인해 공물의 일부를 착복했다는 모함을 받게 된다.

1081년 로드리고 디아스, 알폰소 왕과 휴전 상태에 있던 똘레도의 모로 왕국을 공격해 많은 포로를 잡아옴. 이로 인해 알폰소 왕의 진노를 사 추방령에 처해지며, 친지들과 하인들, 부하들이 따라 나선다. 이들은 호구지책으로 바르셀로나 백작을 돕기도 하고 사라고사의 모로 왕을 도와 방어전에 나서기도 한다.

1082-1085년 사라고사의 궁정기사가 되며, 영주라는 의미의 '시드'라 불리기 시작.

1087년 북아프리카에 사는 알모라비데족의 침입을 계기로 알폰소 왕과 일시 화해. 발렌시아 왕국의 많은 영토를 점령해 모두 국왕에게 바침.

1089년 알레도 전투에서 알폰소 왕을 지원하지 않았다는 죄목으로 재차 추방. 시드는 발렌시아를 점령하기 위해 남하.

1092년 알모라비데인들, 시드에게 공물을 바치던 발렌시아의 왕 알까디르를 참수. 이에 시드는 8천 명의 병사로 발렌시아 포위.

1094년 발렌시아 함락. 시드, 도시를 재정비하고 부인과 딸들을 맞이함. 이들을 나바라와 까딸루냐의 왕자들과 결혼시킴.
성명 미상의 사제 시드를 고전 영웅들과 비교하며 그의 무훈을 칭송한 『전사의 노래 *Carmen Campidoctoris*』를 씀.

1098년 발렌시아의 회교사원을 개조해 성당으로 봉헌.

1099년 시드 사망.

1102년 알모라비데족, 발렌시아 재차 포위. 히메나, 알폰소 국왕에게 원군 요청. 알폰소 국왕과 함께 싸웠으나 역부족으로 도시를 소각하고 퇴각.
히메나, 시드의 유골을 안고 까르데냐로 낙향.

1110년 시드의 업적을 라틴어로 기록한 연대기 『로드리고 무훈집 또는 역사 *Gesta o Historia Roderici*』 출간.

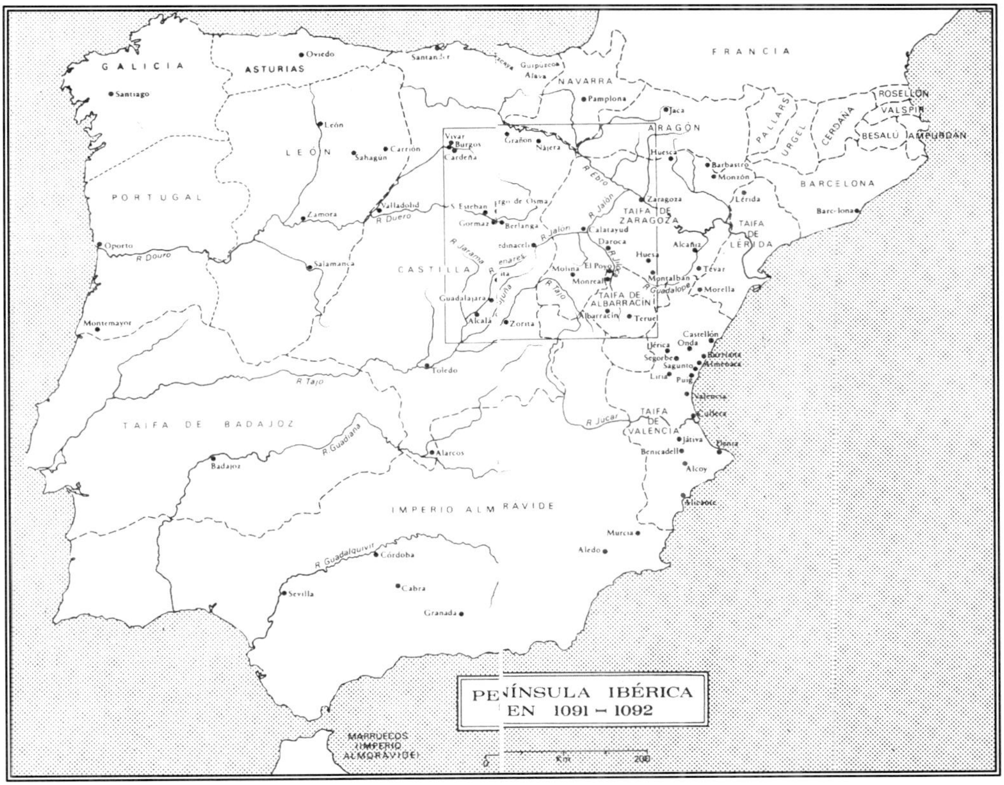
PENÍNSULA IBÉRICA
EN 1091 – 1092
FRANCIA
GALICIA
ASTURIAS
NAVARRA
ARAGÓN
LEÓN
PORTUGAL
CASTILLA
TAIFA DE ZARAGOZA
TAIFA DE LÉRIDA
TAIFA DE ALBARRACÍN
TAIFA DE VALENCIA
TAIFA DE BADAJOZ
IMPERIO ALMORAVIDE
BARCELONA
ROSELLÓN
VALSPIR
BESALÚ
AMPURDÁN
CERDAÑA
URGEL
PALLARS
MARRUECOS (IMPERIO ALMORAVIDE)
Santiago
Oviedo
Santander
Guipúzcoa
Álava
Pamplona
Jaca
León
Sahagún
Carrión
Vivar
Burgos
Cardeña
Grañón
Nájera
Huesca
Barbastro
Monzón
Lérida
Barcelona
Zaragoza
Zamora
Valladolid
S. Esteban
Gormaz
Berlanga
Calatayud
Daroca
Alcañiz
Oporto
Salamanca
Molina
El Poyo
Huesa
Monreal
Montalbán
Tévar
Morella
Guadalajara
Alcalá
Zorita
Albarracín
Teruel
Montemayor
Castellón
Onda
Jérica
Segorbe
Sagunto
Liria
Puig
Valencia
Toledo
Alarcos
Badajoz
Játiva
Benicadell
Alcoy
Murcia
Aledo
Córdoba
Cabra
Sevilla
Granada
R. Duero
R. Douro
R. Ebro
R. Jalón
R. Jarama
R. Tajo
R. Guadalope
R. Jucar
R. Guadiana
R. Guadalquivir
Km
200

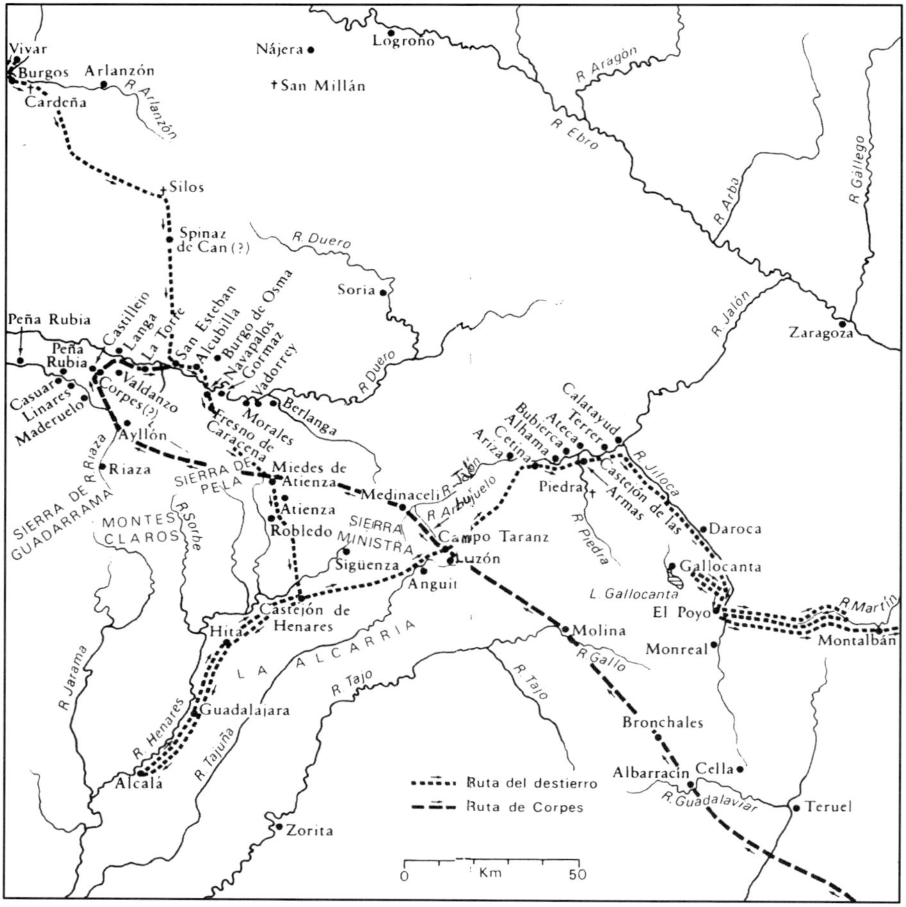

Poema de mio Cid, Edición de Ian Michael, Madrid Castalia, 1991에서 발췌.

엘 시드의 노래

Cantar de Mio Cid

초판 인쇄 2009년 2월 20일
초판 발행 2009년 2월 28일

지은이 ▪ 미상
옮긴이 ▪ 이강국
펴낸이 ▪ 박 철
펴낸곳 ▪ 한국외국어대학교 출판부
130-791 서울특별시 동대문구 이문동 270
전화 : (02)2173-2495~6
팩스 : (02)2173-3363
홈페이지 : http://press.hufs.ac.kr
전자우편 : press@hufs.ac.kr
출판등록 ▪ 제6-6호(1969. 4. 30)
편집 · 디자인 ▪ (주)이환디앤비 (02)2254-4301
인쇄 · 제본 ▪ (주)동화인쇄공사 (02)719-7181

ISBN 978-89-7464-521-2 93870 정가 13,000원

* 잘못된 책은 교환하여 드립니다.